ぶり大根が15分でできて
なんならお客さんにも出せる

科学する料理研究家
さわけん

食べたいときに
最短でちゃんとした
ごはんが食べられる

はじめに

「ヘトヘトに疲れているけれど、自分のつくった料理を食べたい、あるいは家族に食べさせたい」ということはありませんか？

じつは茶わん蒸しや煮物など、時間がかかりそうなものでも、ポイントさえ押さえれば、15分もあればとてもおいしくつくれます。

だから、この本では、料理のプロが、ここだけは大事で省かない、という箇所に 大事です というマークをつけました。

このポイントさえ守れば、おいしい料理ができあがります。

また、理由やワンポイントも**このように**書いています。

頭よりも尾の方を
買うと小骨がないよ！
○ ×

甘塩たら……２切れ
小麦粉……大さじ１

たらにふるとうまみを閉じ込めて
身が崩れるのを防ぐよ！

理由がわかれば、自然とセンスが身に着いて、レシピがなくても何となくできるようになり、料理上手になります。

この本は、どんな初心者が読んでも、
プロの技を身に着けられるようにつくりました。

じつは、この本は、ちょっとくらい材料や調味料がなくても、おいしくなるようにつくっていますので、

用意できない材料は少しくらいとばしてもＯＫです。

また、**似た材料でつくってもかまいません。**

カット野菜を使っても大丈夫ですし、スーパーで買える、私がおすすめする商品、調味料も参考に入れておきました。

特に省いていい材料は、なくていいマークもつけています。

私はフランスの星つきレストランで働いていたので、ついでに、見栄えもいいようにしています。どれも簡単にできるのに、お客様にお出ししても大丈夫な見た目ですよ。

この本が、あなたの楽しい食事のお役に立てれば嬉しいです。

料理研究家　さわけん

だしについて

これは味の組み立てです。
この図の下があればあるほどおいしい料理ということになります。

{ おいしい料理の組み立て }

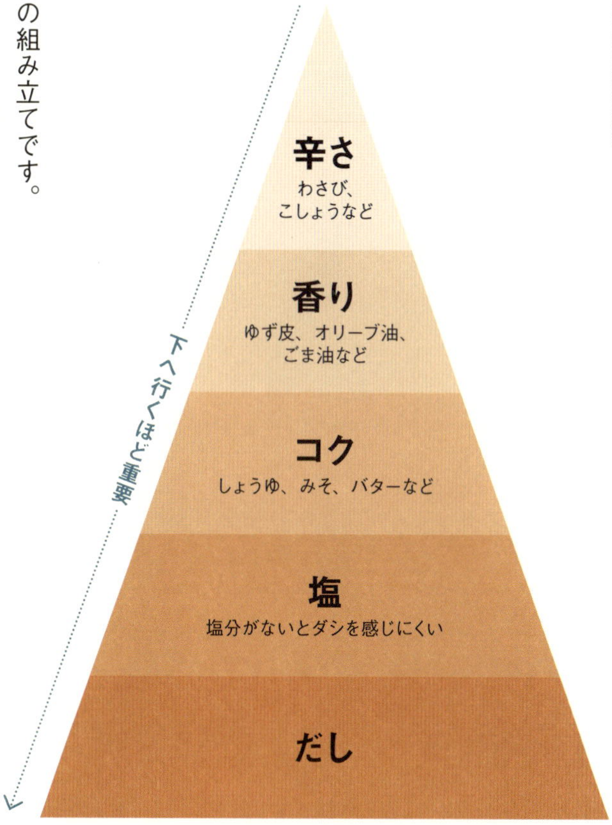

この本にも、何かしらだしが出てきます。
このように、だしはおいしい料理の土台ですので、ぜひ入れましょう。
「鶏がらスープの素」など、指定がない場合はどんなだしでも大丈夫です。

1 パックのだしを煮ておく

だしのとり方は、
P205 に
詳しく載せています！

2 白だしや顆粒だしを水で溶く

「油」とレシピに書いてある部分は、好きな油を使って下さい。

調味料について

持っておけば料理上手になるのが調味料です。
たとえば、ポン酢しょうゆなどですが、これらを使うと、分量などがもし適当だったとしても、味が決まりやすく、おいしいです。
ただ、持っていても使わないと冷蔵庫の邪魔者になってしまうので、ここでは、持っておいて損のないものを紹介します。

ポン酢しょうゆ

なめたけ

焼きのりか味つけのり

他にも、EXVオリーブオイル、白だし、塩辛もおすすめです。
これらがキッチンに常備してあれば、すでに料理上手です！

カレー粉

ナンプラー

さんしょう

オイスターソース

トムヤムクンペースト

七味

昆布茶

コチュジャン

香味ペースト

CONTENTS

Chapter 01

洗ったり切ったりが面倒な野菜を使わない

COLUMN 01

Chapter 02

超簡単なのに何ならお客さんに出してもいい料理

COLUMN 02

Chapter 03

疲れているときでもつくれて、消化しやすい

CONTENTS

CONTENTS

Chapter 11

日本人に不足しがちな 海藻、きのこ、野菜が食べられる

Chapter 12

さっと一品! すごいおつまみ

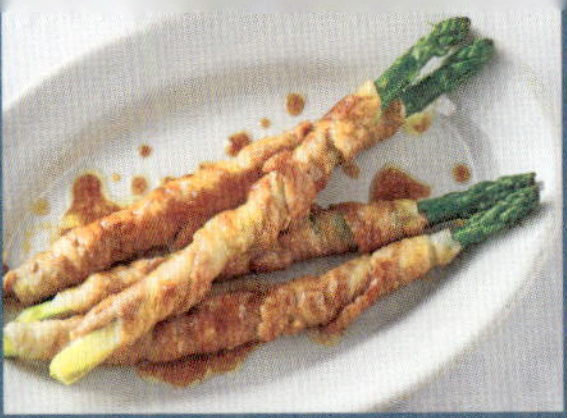

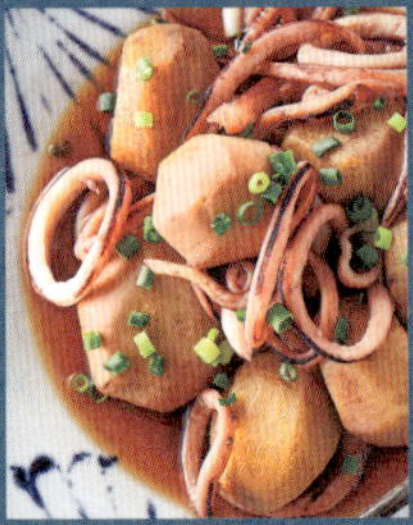

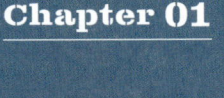

Chapter 01

洗ったり切ったりが面倒な野菜を使わない

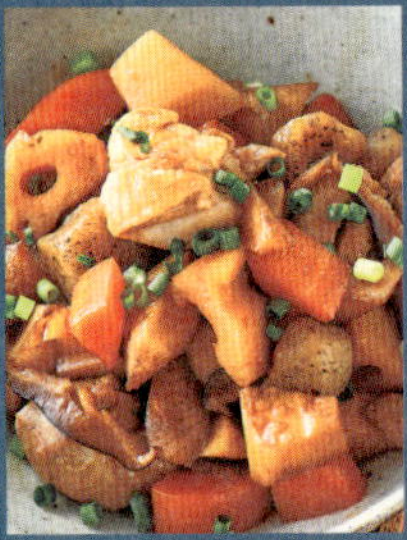

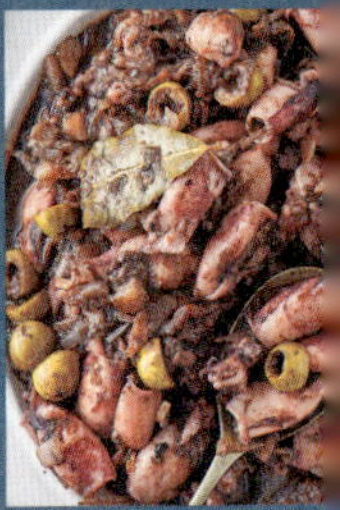

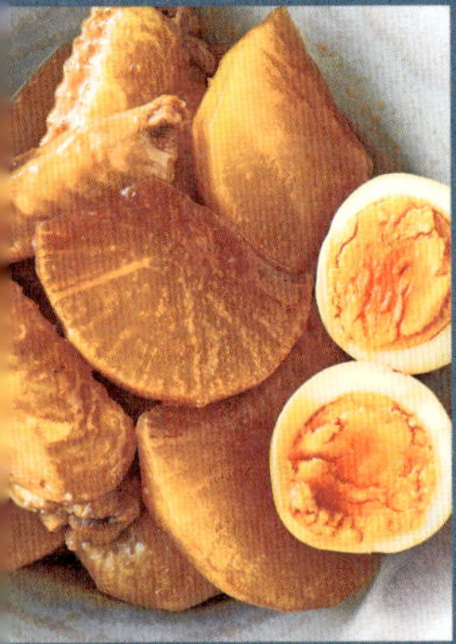

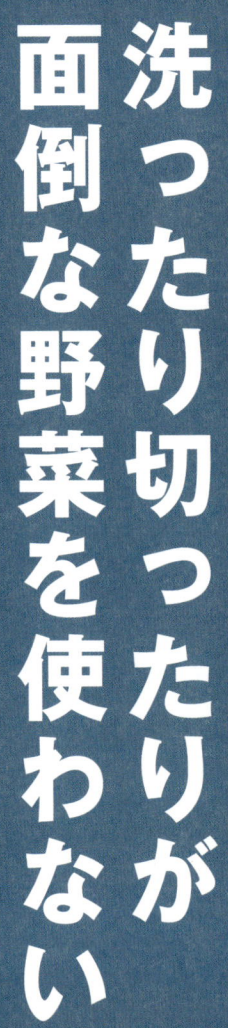

15分

イタリアの郷土料理が食卓に！

豆とたらの煮込み

冷凍すると2か月は食べられます

recipe № 001

豆とたらの煮込み

{ 材料 }…………2人分

甘塩たら……2切れ

頭よりも
尾の方を買うと
小骨がないよ！

小麦粉……大さじ1（たらにふっておく）

決め手
ソースのからみがよくなる

にんにく（みじん切り）……1片分
玉ねぎ（薄切り）……1/4 個分
ローズマリー……1枝　決め手

香りが最高に

トマト水煮缶（カットタイプ）
……150mℓ

余ったものはジップロック
などに入れて冷凍に

白いんげん豆水煮缶……100 g
水……50mℓ
塩……ひとつまみ　3本指で
こしょう……2 ふり
EXV オリーブオイル……大さじ 1＋1

{ 作り方 }

大事です

1 フライパンにオリーブオイル大さじ1を熱し、たらを焼いて色がついたら皿などに取り出す。

中まで火が通ってなくても大丈夫

2 同じフライパンに残りのオリーブオイル大さじ1とにんにくを入れて熱し、香りが出たら玉ねぎをしんなりするまで炒める。

にんにくを先に炒めると香ばしさが出て味が複雑になる

3 ローズマリーを加えて香りを出し、トマト水煮缶、豆、水、たらを戻し入れてふたをして5分煮る。

4 塩、こしょうで味を調える。

冷凍すると、なんと約2か月はおいしく食べられる。作りおきにもピッタリ！

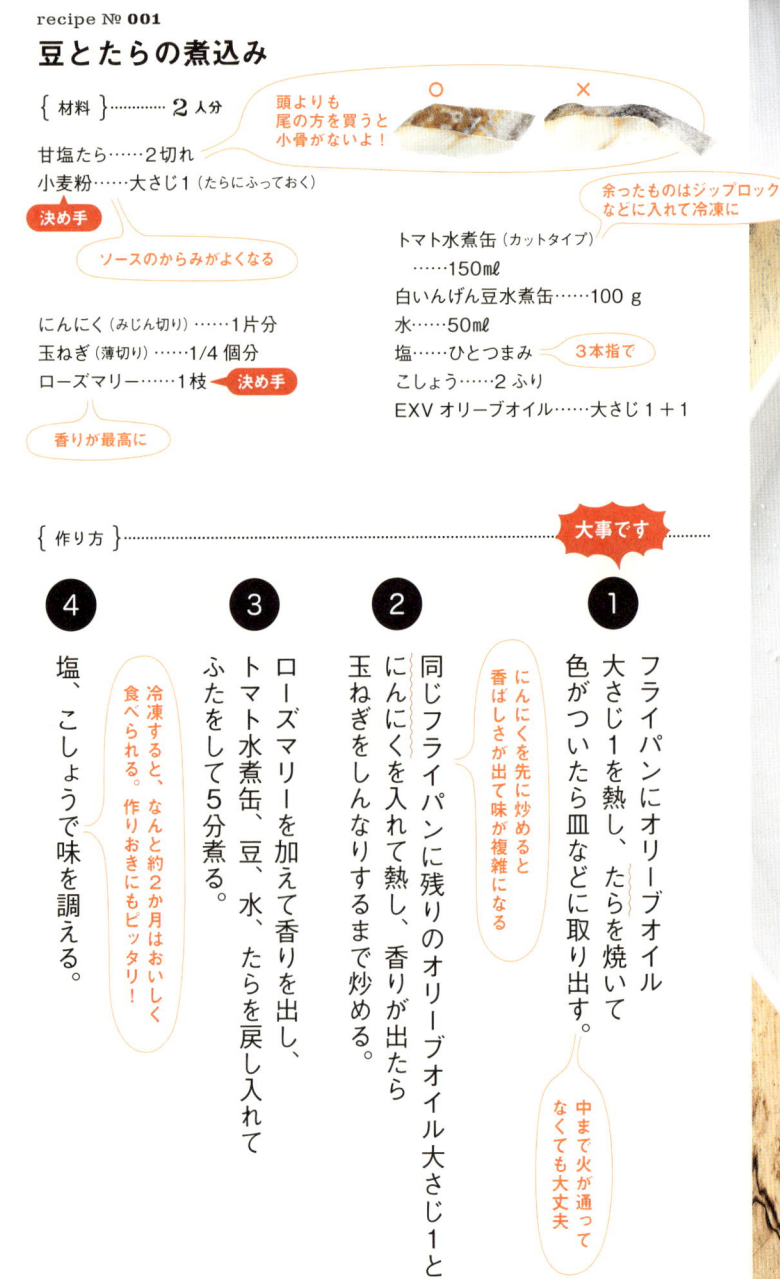

8分

香味ペーストを入れると味が決まる！

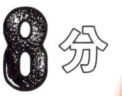

ただの野菜炒めを本格中華にするのは「片栗粉」

豚肉とまいたけ炒め

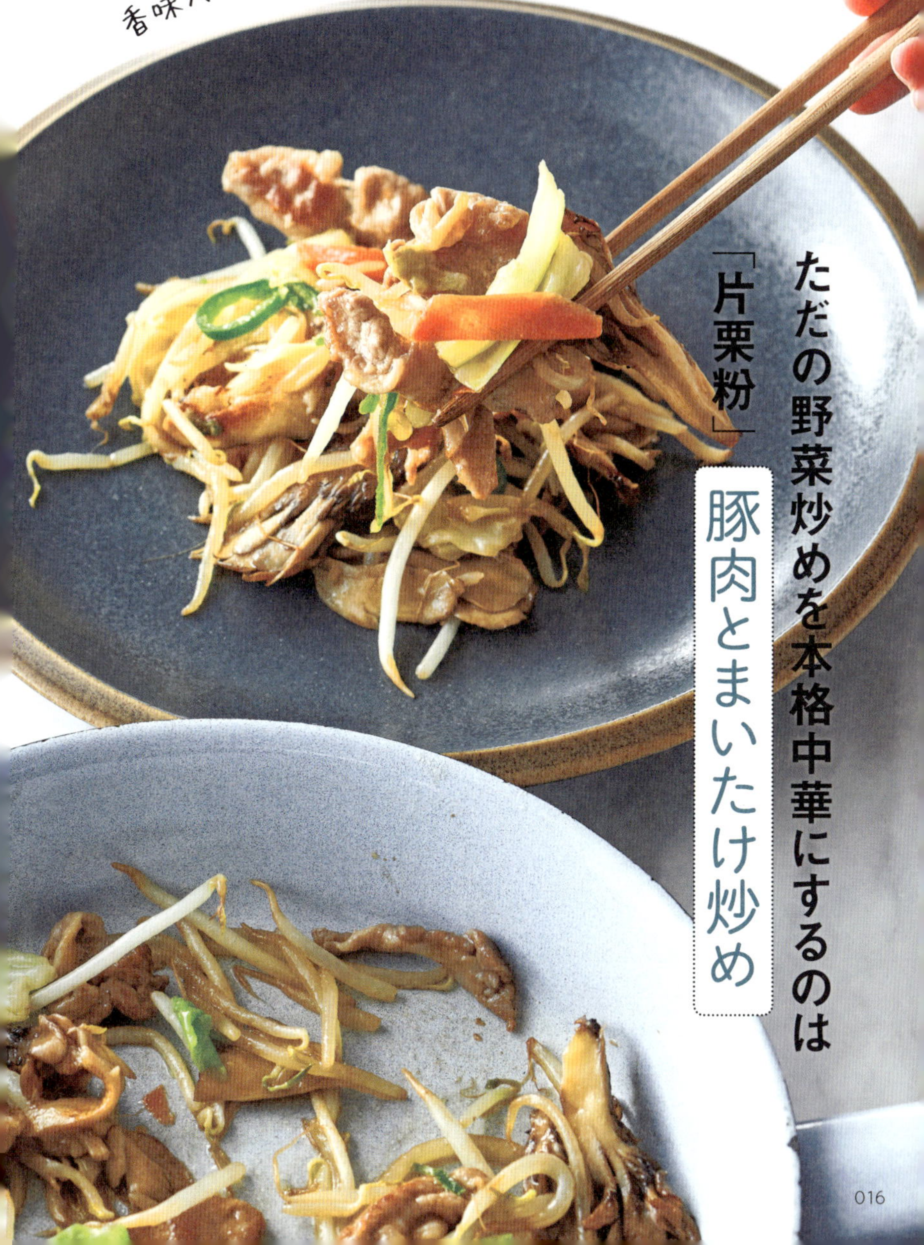

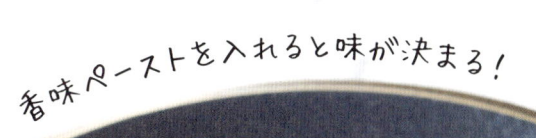

recipe № 002

豚肉とまいたけ炒め

{ 材料 }……………………2人分

豚切り落とし肉……150g
（豚肉に下のしょうゆをつけて片栗粉をまぶしておく）

しょうゆ……小さじ2
片栗粉……大さじ1

粉をまぶすことで味がからみやすくなり、ソフトな食感になる！

カット野菜でもOK……100g

まいたけ……1/2パック
もやし…1パック
塩……2つまみ
香味ペースト……1.5cm　決め手　味が決まる！
しょうゆ……小さじ1
油……大さじ1　フライパンに引く用

{ 作り方 }…………大事です…………

1. フライパンに油を熱し、しょうゆと片栗粉をまぶした豚肉を炒める。

2. 肉の色が白っぽく変わったら、まいたけともやし（カット野菜）、塩を加えて炒める。

3. もやしがしんなりとしたら、香味ペーストとしょうゆを加えて混ぜる。

最後のしょうゆが香ばしさを出す

もやしは水分が多いので、味をいかにつけるかがポイントです。肉にまぶした片栗粉が全体に味をとめる役割をします

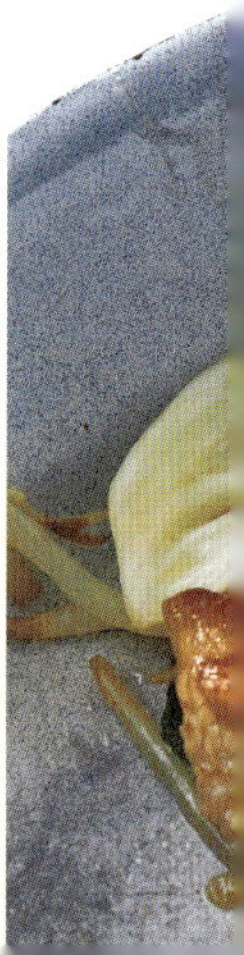

15分

カット野菜を使えば、筑前煮はたった15分

フライパンなら最小限の煮汁で煮える!

recipe № 003

筑前煮

{ 材料 } ………… 2人分

鶏もも肉……100g（約⅓枚。一口大に切る）
かつおだし……150mℓ
生の野菜を使うなら250mℓ
カット野菜
（筑前煮用、加熱済み）
……1パック（約250g）

カット野菜なら火が通っているので早い

（生野菜をつかうなら、ごぼう、れんこん、にんじんを、カット野菜の袋1パックくらいになるように）

アク抜き済みを選ぶと、塩でもみ洗いなし！

こんにゃく……1/2枚
（塩でもんで洗い、スプーンでちぎる）
干ししいたけ（スライス）
……2枚

これをほんの少し加えるだけで、だしが出る！

砂糖……大さじ2弱
しょうゆ……大さじ2弱
みりん……小さじ1　なくていい
青ねぎ（輪切り）……大さじ2
ごま油……小さじ2

みりんを入れるのは照り出しのため

{ 作り方 } ………… 大事です

1. フライパンにごま油を引き、鶏肉を炒める。

   フライパンの方が最小限の煮汁で煮られるので、時短になります

2. 野菜、こんにゃく、干ししいたけ、かつおだしと調味料をすべて入れて、中火でグツグツ10分くらい煮詰める。

   生野菜の場合は、野菜をかつおだしで10分ゆでてからこんにゃく、干ししいたけ、調味料を加え、1を入れる

3. 煮汁がほとんどなくなったら、よくからめて青ねぎを散らして完成！

   見た目をよくしたい人は、みりんを仕上げに加えると照りが出る

20分

落としぶたをすれば、
早くつくれる
手羽大根

ゆで卵を加えると、ごちそう!

recipe № 004

手羽大根

{ 材料 } …… 作りやすい分量

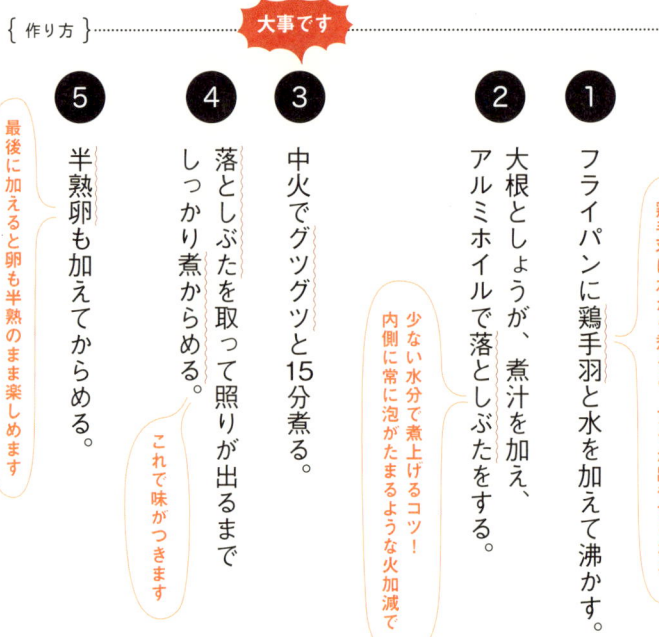

根元を選ぼう！辛味が少ない

鶏手羽先……5本
大根……1/2本
（皮をむいて1cm厚さの半月切りにする）

《煮汁》
しょうゆ……大さじ2
みりん……大さじ2
砂糖……大さじ2
オイスターソース……大さじ1　決め手

コクを出す

水……400mℓ
しょうが（薄切り）……1片分

なくていい　7分のゆで卵……2個（P32）

{ 作り方 }

大事です

1. フライパンに鶏手羽と水を加えて沸かす。

鶏手羽は水から煮ると、アクが出やすくなる

2. 大根としょうが、煮汁を加え、アルミホイルで落としぶたをする。

少ない水分で煮上げるコツ！内側に常に泡がたまるような火加減で

3. 中火でグツグツと15分煮る。

4. 落としぶたを取って照りが出るまでしっかり煮からめる。

これで味がつきます

5. 半熟卵も加えてからめる。

最後に加えると卵も半熟のまま楽しめます

15分
たった15分で ぶり大根

ぶりの骨から味が出る！

recipe № **005**

ぶり大根

{ 材料 } …… 作りやすい分量

ぶりあら（またはぶりかま） ……1パック（400g）

魚は必ずさっと水道水で洗おう。
臭いと菌がとれる。
パックの上でバシャバシャと洗えばOK

大根……3㎝（1㎝厚さの半月切り）

味が短時間でしみる

《煮汁》
- 水……300㎖
- 酒……50㎖
- みりん……大さじ2
- 砂糖……大さじ1
- しょうゆ……大さじ1と1/2

しょうが（薄切り）……2枚

{ 作り方 } 大事です

1. お湯（分量外）を沸かし、ぶりあらにかける。

骨が大事！
魚の骨から味がよく出ます

2. 鍋に煮汁をすべて合わせ、ぶりあらと大根、しょうがを入れて落としぶたをし（なければアルミホイルを落とす）、沸騰したらグツグツ10分煮る（火が強すぎると焦げるので注意！）。

大根を刺して、煮えていればOK

泡がたっているのが重要

3. 落としぶたをとり、煮汁がたくさんあれば少し煮詰める。

ゆずの皮をするとプロの香り

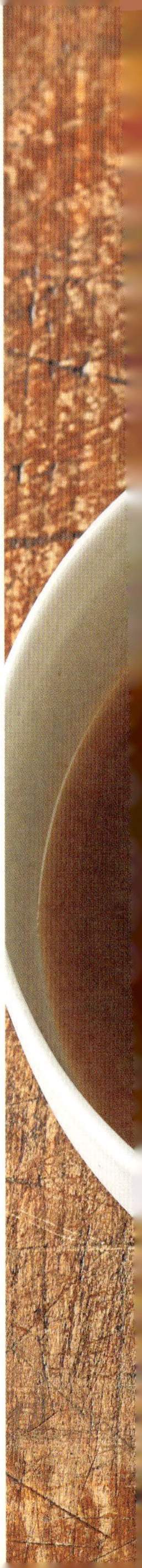

10分

骨を抜いたり一切なし！

小イカトマト煮込み

recipe № 006

小イカぴり辛煮込み

{ 材料 } 作りやすい分量

小イカ(種類は何でもOK。15㎝くらいまでのもの。下ごしらえはしない)……8杯

魚介は必ずさっと水道水で洗おう。臭いと菌がとれる。イカは小さければ小さいほどやわらかい。スルメイカだけは、硬いので軟骨をとり、細く斜め切りにしよう

にんにく(みじん切り)……大1片分
玉ねぎ(粗みじん切り)……1/2個分
なくていい ローリエ……1枚
白ワイン……大さじ2
日本酒でもOK

チキンスープの素……小さじ1/2
水……100㎖
トマト水煮缶(カットタイプ)……大さじ4
残りはジップロックに入れて冷凍しよう
なくていい オリーブ(種なし)……8個
オリーブを入れるだけで、ガラっとイタリアの味に

EXVオリーブオイル……大さじ1
塩……ひとつまみ
味見をしながら

{ 作り方 }

1. フライパンにオリーブオイルを熱し、にんにくを炒める。
   にんにくを先に炒めると、よりにんにくの香りが料理全体にうつる
2. にんにくに色がついたら、玉ねぎとローリエを加えてしんなりするまで中火で炒める。
3. 小イカを加えて色が赤くなるまで中火でさっと炒め、白ワインを加えてアルコールをとばす。
   酸味を足す＋臭み消しのため
4. チキンスープの素、水、トマト水煮缶、オリーブを加えて中火で5分煮る。
   もしイカスミが出ても、そのまま煮込む
5. 塩で味を調える。
   にんにくチューブとマヨネーズを混ぜたものを添えるとさらに美味。ショートパスタとからめてもおいしすぎ

15分

丸ごとのサンマも下ごしらえなし

さんまのソテートマトソース

家でつくれる本格イタリアン

recipe № 007

さんまのソテーにんにくトマトソース

{ 材料 } ……………………………… 2人分

さんま……2尾
（内臓つきのまま、腹の部分にある肛門をこえて少し尾っぽ側から、頭の方へと斜めにふたつに切る）

内臓はとらない

小麦粉……大さじ１（さんまにまぶしておく）
にんにく（スライス）……1片分

枝と葉に分けておく。
枝は煮込んで香りを出し、
葉はフレッシュのまま使うため

臭みを消し、風味をプラス

なくていい ▶ 生バジル……４枝

白ワイン……45mℓ
トマト水煮缶（カット）……100mℓ
ＥＸＶオリーブオイル……小さじ１＋大さじ１

{ 作り方 } ………………………………

1. フライパンにオリーブオイル小さじ1を熱し、小麦粉をつけたさんまを焼く。

2. 片面が少し茶色に香ばしく焼けたら裏返す。ここでにんにくを加えて焦がさないように焼く。

にんにくを後から入れるから香りが立つよ！

3. 白ワインを加えて沸騰させ、トマト水煮缶を加えて中火でフツフツと5分煮る（水分が足りなければ水を30mℓ足す）。

4. 仕上げにオリーブオイル大さじ1とバジルの枝を加えて香りをつける。

オリーブオイルは味を豊かにするので調味料代わりに使う！

5. 器に盛り、バジルの葉を散らす。

10分

小麦粉をつけて焼くとうまみアップ

アスパラ肉巻き

太めを選ぶと食べごたえがアップ!

recipe № 005

アスパラ肉巻き

{ 材料 } …… 2人分

グリーンアスパラガス……4本
（ガクは取らなくてOK！）

豚ばら薄切り肉……8枚以上
（巻けるだけ）

小麦粉……大さじ2
酒……大さじ2
しょうゆ……大さじ1
砂糖……大さじ1
（全体にまぶす）

EXV オリーブオイル……小さじ2

{ 作り方 }

1. アスパラは下から1/3ほど皮をむき、豚肉を巻いて小麦粉を薄くつける。
（小麦粉をつけると、タレがからみやすくなる上にちょうど良いとろみもついてうまみアップ）

2. フライパンにオリーブオイルを引き、❶を焼く。
（豚肉の色がしっかり変わって、一部が濃い茶色になるまで）

3. 酒、しょうゆ、砂糖を加えて煮からめる。
（七味唐辛子や山椒をふって食べてもおいしい！）

10分

イカと里芋の煮物

一晩おくと里芋がめちゃくちゃおいしくなる!

落としぶたで5分!

recipe № 009

イカと里芋の煮物

{ 材料 } 作りやすい分量

イカ……1杯（カット済みのもの）
（種類は何でもOK）

小イカなら下処理なしで（15cmくらいまでのもの）。自分で処理するなら、足を胴から抜き、目や内臓を取り除いて、カットする

水煮の里芋……10個

生のサトイモなら皮をむいておく

《煮汁》
だし汁……200mℓ
みりん……大さじ1
砂糖……小さじ1
しょうゆ……小さじ2

みりんは元々は酒なので、イカの臭みもとります

青ねぎ（輪切り）……大さじ2

{ 作り方 }

1 鍋に里芋と煮汁を入れ、落としぶたをし（なければアルミホイルを落とす）中火でぐつぐつと5分煮る。

生の里芋だったら25分程度

2 イカを加えて色が赤くなり、煮汁が沸騰したら1分くらい煮る。青ねぎを散らして完成！

柔らかく仕上がる

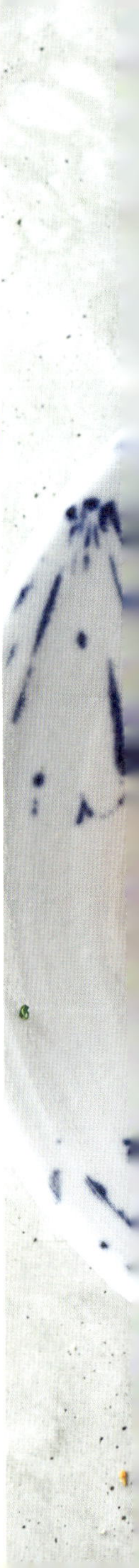

COLUMN

01

絶対に失敗しない！ゆで卵をマスター

絶対に失敗しないコツは、「穴あけ機」を買うことです。
スーパーに500円くらいで売っています。これさえ買えば、もう失敗しません！

決まり1 冷蔵庫から出したての卵を使う

決まり2 「穴あけ機」を使う

{ゆで方}

1

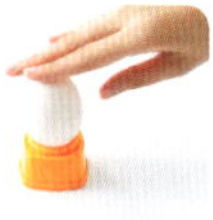

生卵の下（丸い方）に
「穴あけ機」で穴をあける

穴をあけておくと、
殻が割れるのを防げます。
また、むきやすくなります

2

卵がかぶるくらいの量の水を入れ、
沸騰したら、穴をあけた卵をそっと入れる

沸騰したお湯に入れるのがポイントです

3

最初の1分はころがします。
ころがすと、黄身が真ん中になります

{ゆで時間}

5分　7分　12分

5分：卵黄だけ液状で使いたいときや、まだ加熱するけど最終的に半熟が欲しいときはこの卵を。ピザトーストやカレーにも。

7分：この7分の「どろっ」～8分半の「ねちゃ」が味つけ卵におすすめ。

12分：卵サラダやミモザサラダ、タルタルソースはこれ。しっとり感が欲しいなら10分くらいにします。

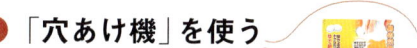

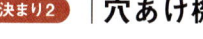

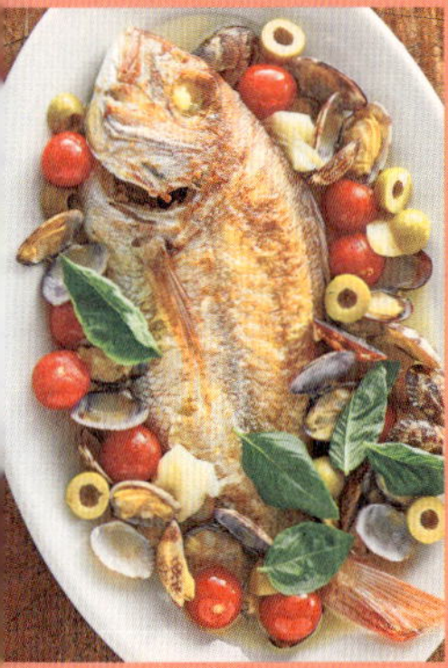

超簡単なのに何なら お客さんに出しても いい料理

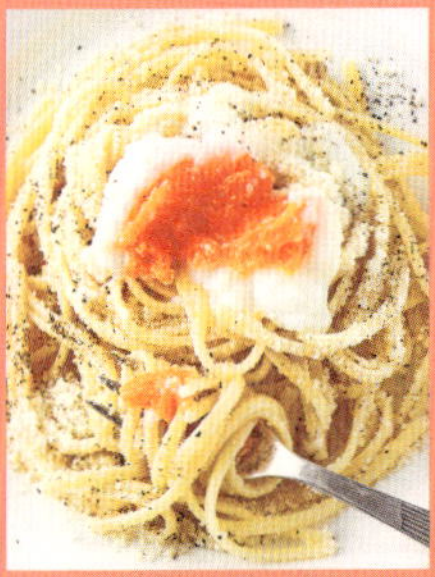

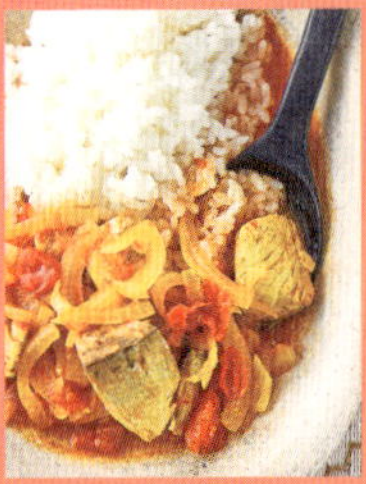

Chapter 02

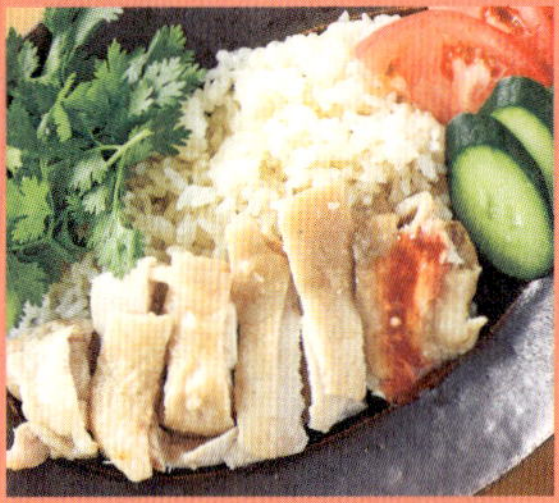

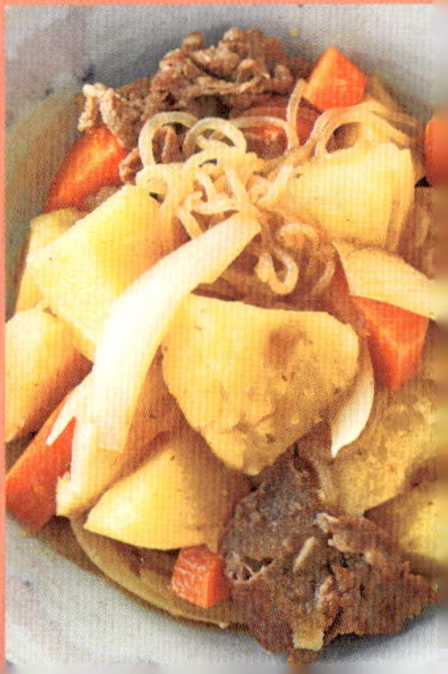

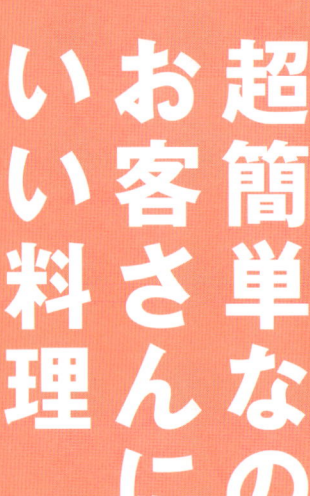

8分

アヒージョはレンジでチン

エビとマッシュルームのアヒージョ

recipe № 010

エビとマッシュルームのアヒージョ

{ 材料 } 作りやすい分量

バナメイエビ……15尾

赤エビなら大きいので10尾

マッシュルーム（ふたつに切る）……1パック

塩……ふたつまみ　味見しながら

決め手　チューブにんにく……小さじ1

チューブは常備しておくと便利！

白ワイン……大さじ1

なくていい　ローズマリー……1枝

EXVオリーブオイル……容器にひたひたになるくらい

{ 作り方 }　大事です

1 エビの殻をむいて背わたを取る。

背に切りこみを入れて取る。別に食べても問題ないが、生臭さが残る

2 エビ、マッシュルーム、塩、にんにく、白ワインを和える。

エビの臭みをとる

3 耐熱容器に❷とローズマリー、ひたひたのオリーブオイルを入れ、600Wの電子レンジで1分加熱する。

上から唐辛子パウダーかパプリカパウダーを振ってもおいしい！

8分

炒めない魚介春雨炒め

もやしにもうまみを吸わせよう

混ぜてレンチンするだけ

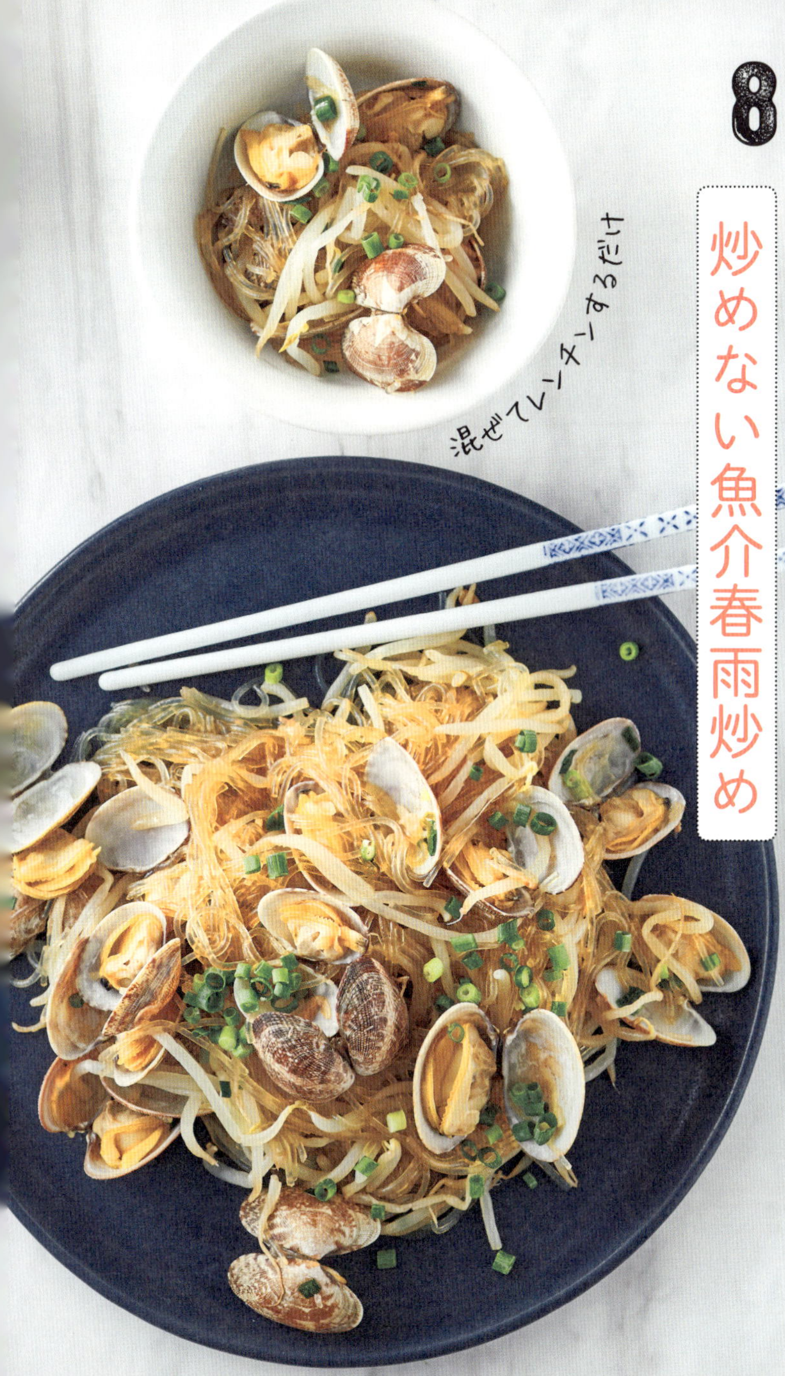

recipe № 011

炒めない魚介春雨炒め

{ 材料 } 2人分

春雨……50g　水の方が食感よく戻ります！
（水に2分ほどつけて戻し、はさみで半分に切っておく）
水……100mℓ
チキンスープの素　決め手
……小さじ1/2
砂糖……小さじ1
しょうゆ……大さじ1強
干しエビ……小さじ1　決め手
これがあるだけで本格派になる！
赤唐辛子（輪切り）
……1本分
あさり……10個くらい
スーパーで売られているものなら、あさりは砂抜きしなくてOK
もやし……100g
青ねぎ……2本（輪切り）
カット済みのものでもOK
ごま油……小さじ1

{ 作り方 }　大事です

1. 耐熱容器に水、チキンスープの素、砂糖、しょうゆ、干しエビ、赤唐辛子、戻した春雨を入れて平らにならす。
チキンスープ＋貝＋干しエビで最高のおいしさ
ここでオイスターソースを少々入れても美味

2. あさり、もやしをのせてラップをし、600Wの電子レンジで4～5分加熱する。

3. 春雨がやわらかいことを確認したら、青ねぎとごま油を加えて全体を混ぜ、ラップをして1分置く。
1分置くことで、春雨、もやしがうまみたっぷりのスープを吸う

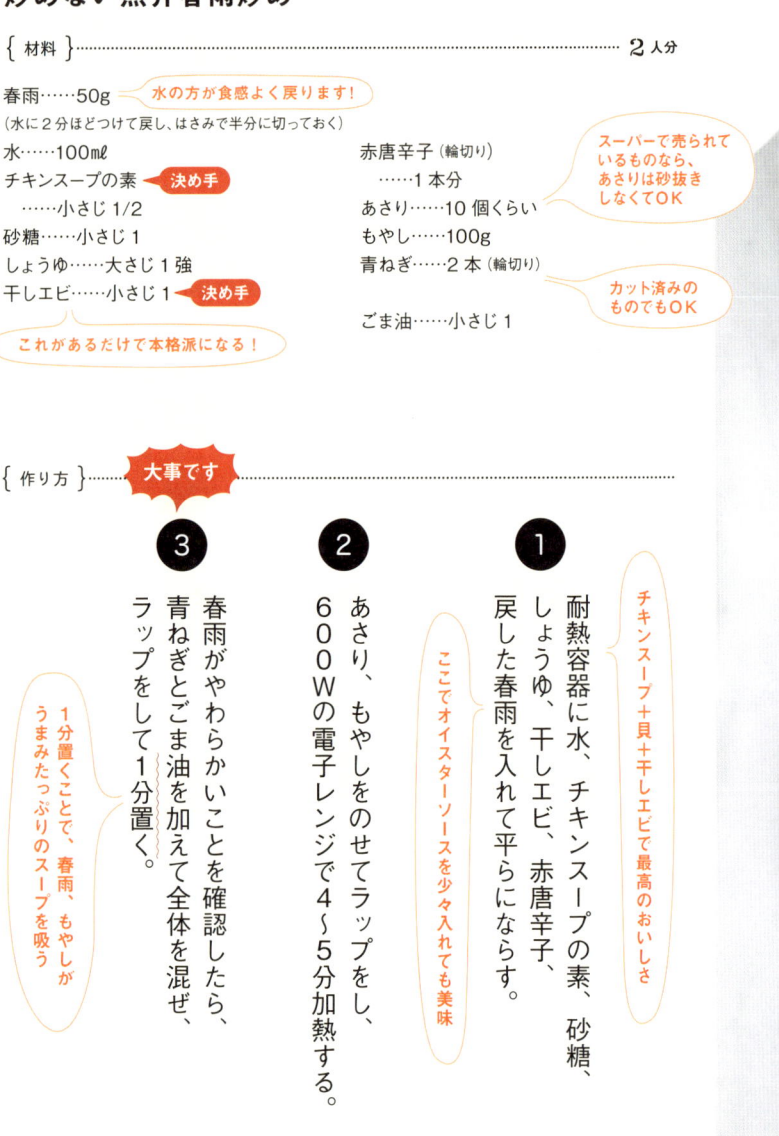

8分

中華の高級料理も長ねぎがあれば自宅で
たらの清蒸《チンジョン》

チンジョン＝シンプル蒸しという意味

recipe № 012

たらの清蒸《チンジョン》

{ 材料 } 2人分

たら……2切れ

メバル、鯛、クロソイなどでも。
一尾のまま、
丸ごとつくってもごちそうに！

日本酒……小さじ4

なくていい ブロッコリー……少々

《ねぎ油》

決め手
長ねぎ（刻む）……1/3本分
ごま油……大さじ2

チューブしょうが……小さじ1/2
しょうゆ……大さじ1

{ 作り方 } 大事です

1. 耐熱容器にたらを並べ、日本酒をかける。
2. ふんわりとラップをかけて600Wの電子レンジで3分加熱する。
3. ブロッコリーを別の耐熱容器に並べて、大さじ1の水（分量外）を加えて電子レンジで2分加熱する。器にブロッコリーを盛ってたらをのせる。

ブロッコリーがない場合はたらだけのせよう！

4. 耐熱容器に長ねぎとごま油を入れ、600Wの電子レンジで30秒加熱し、❸の上から回しかける。

小鍋にごま油を入れ、煙が出るくらい熱してもOK。

5. チューブしょうがとしょうゆを混ぜ、全体にかける。

8分

麦みそを使うだけで料理上手になる
鮭のチャンチャン風

野菜もたっぷり食べられる！

recipe № 013

鮭のチャンチャン風

{ 材料 } 2人分

甘塩鮭……2切れ

安い上に塩もしてあっておいしい

キャベツ……1/6個（ひと口大に切る）
もやし……1パック
えのきだけ……1/2パック
バター……ひとかけら

決め手 《みそダレ》

麦みそにすると甘みがあるのでみその中で一番おいしい

みそ……大さじ4
みりん……大さじ4
砂糖……小さじ4

水……大さじ1

{ 作り方 }

1. みそダレの材料を混ぜる。
   先に混ぜておくと後がすごく早い
2. フライパンにキャベツ、もやし、石づきをとり、ほぐしたえのきだけを広げる。
3. 鮭とバターをのせ、みそダレをかけて水を加える。
   大事です
   身がふっくらします
4. フタをして中火～弱火で5～6分蒸し焼きにする。
   鮭を割って、火が通っていればOK！

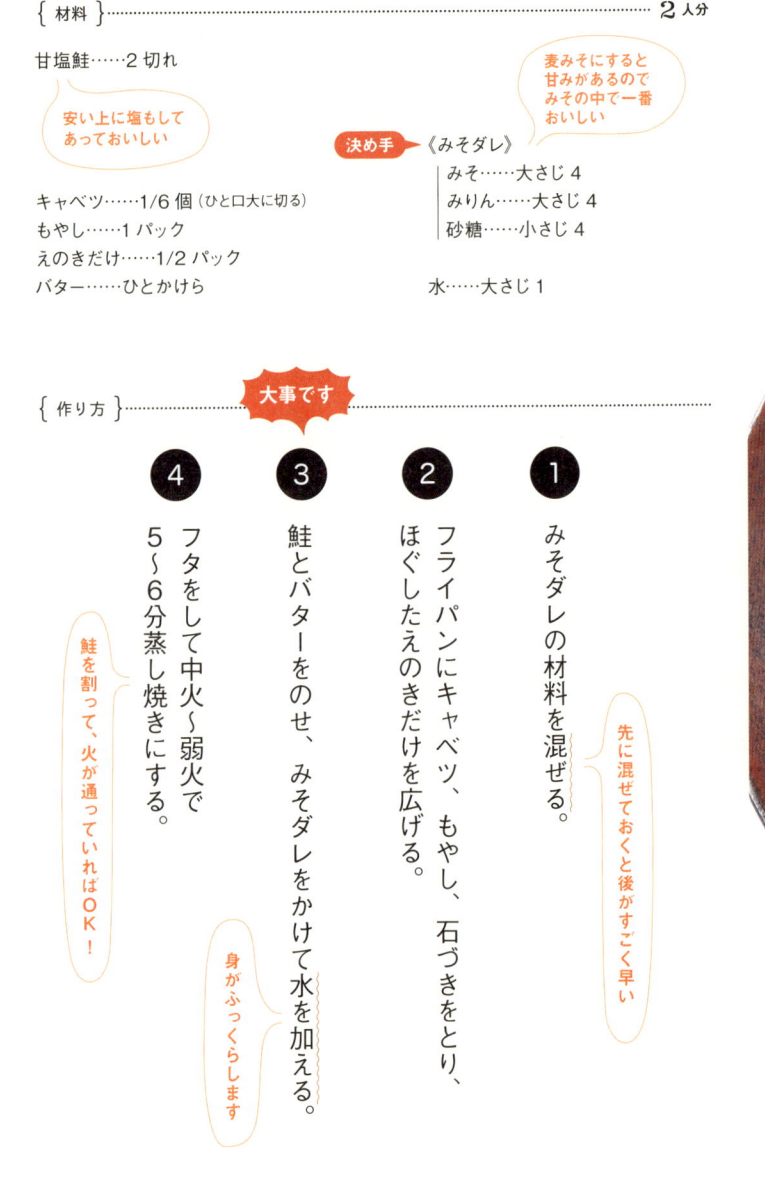

10分

アジフライは卵なしにすると、サクサクになる
アジのフライ

揚げ油はオリーブオイルでもおいしい!

recipe № **014**

定番アジのフライ

{ 材料 } ………………………… **2** 人分

アジ（アジフライ用）……2尾
塩……表と裏にひとつまみずつ
こしょう
……表と裏にひとふりずつ
小麦粉……大さじ2
パン粉……1カップ
揚げ油（好きな油）……適量

決め手 《衣》（混ぜておく）
小麦粉……大さじ6
油…大さじ1
水……（少しずつ入れていく）

水を少しずつ混ぜ、
やわらかめのホットケーキの
生地くらいの固さにする

{ 作り方 } ………………………… 大事です

1. アジに塩、こしょうをして小麦粉をまぶす。
2. 衣にくぐらせ、余分な衣を落としてパン粉をギュッとつける。

衣に卵を使わないとザクッと固めに揚がる。
アジは身がやわらかいので、食感がいい

3. フライパンに油を少し多めに引く。

アジ2尾が一度に入る大きさのフライパンがベスト。
少ない油なら、いい油が使える！

4. 揚げるようにしながら、裏表を色良く焼く。

キャベツの千切りを添えたら定番

20分

たらとじゃがいものニーム風

チューブにんにくがあれば、
おしゃれごはんがすばやく完成！

recipe № 015

たらとじゃがいものニーム風

{ 材料 } 作りやすい分量

甘塩たら……1切れ

頭よりも
尾の方を買うと
小骨がないよ！

じゃがいも（薄切りにしておく）
……大1個分（200g）

水……200㎖

鶏ガラスープの素……小さじ1

なくていい

ローリエ……1/2枚

西洋の味になる

決め手 チューブにんにく……大さじ1

牛乳……50㎖程度

EXVオリーブオイル……大さじ1

プロセスチーズ……大さじ3

なくていい パルメザンチーズ……少々

複数のチーズを組み合わせることで、
味が複雑になる

{ 作り方 }

1 フライパンにじゃがいもを敷き、たらを並べる。

2 水、鶏ガラスープの素、ローリエを加えて沸騰させる。

3 フタをしてコトコト弱火で10分煮る。

ここでじゃがいもが
柔らかくなったか
確認する！

4 たらの皮や骨を取り除き、フライパンの中でフォークなどでよくつぶす。

5 にんにくと牛乳を加えてペースト状にし、オリーブオイルを加える。

6 プロセスチーズとパルメザンチーズを混ぜる。

トーストしたバゲットの
薄切りがあれば、とまらない！

15分

アクアパッツァ

アクアパッツァのダシは骨から出る！

スープ一滴までごちそう

recipe № 016

アクアパッツァ

{ 材料 } …… 作りやすい分量

魚（丸小鯛、イサキ、メバル）……1尾

水道水で洗うと臭いと菌がおちる。内臓はスーパーで抜いてもらおう。骨が大事なので丸ごとで！

塩……3～4つまみ
にんにく……1片（つぶす）
あさり……150g
水……250mℓ

スーパーで売られているものならば、あさりは砂抜きしなくてOK

ミニトマト……8個
オリーブ……8個

ちょっといいオリーブオイルで絶品ソースに

決め手 EXV オリーブオイル……大さじ1
油……大さじ2

{ 作り方 } 大事です

1. 魚は水気をふいて塩をふる。
   魚の皮がおいしくなる
2. フライパンに油を熱し、頭を右、腹を手前にして魚をのせ、中火～強火で焼く。焼き色がしっかりついたら、裏返してつぶしたにんにくを加え、さらに焼き色がつくまで焼く。
   魚は頭を左向きに盛ること。一回しかひっくり返さないので、こうすると表面がキレイに見える
3. あさり、水、ミニトマト、オリーブを加える。
4. フタをし、グツグツと強火で5分くらい煮る。
   グツグツが重要で、骨からうま味が出てソースに混ざる
   腹の方の身をつついて、骨から外れるようになったら火が通っている
5. オリーブオイルをたらす。
   オリーブオイルでよりおいしくなる。パンを添えても！

6分

サバの梅煮

サバはすぐ火が通ります

酸味がうつっておいしい

recipe № 017

サバの梅煮

{ 材料 } 2人分

サバ（骨なし）……2切れ

おろしてもらったときの
骨があれば、
一緒に煮込むと味が出る

《煮汁》
水……100㎖
だし昆布……2㎝
酒……50㎖
しょうゆ……大さじ1/2
みりん……大さじ2

しょうが（薄切り）……3枚
決め手 梅干し……2個

{ 作り方 }

大事です

1 フライパンに煮汁の材料を全部入れる。

2 （サバの骨）、しょうが、梅干しを加えて中火で煮る。

身をやわらかくするだけでなく、
塩味やクエン酸が移っておいしくなる

3 沸騰したら、サバを加えて3分煮る。

小さいイワシ（骨つき）でもOK！
イワシなら、水を300mlにし、落としぶたをして5分ほど煮る。
大きいイワシの場合もおろしてもらって半分にカットし、
骨と一緒に5分ほど煮て煮汁をからめながら食べましょう。

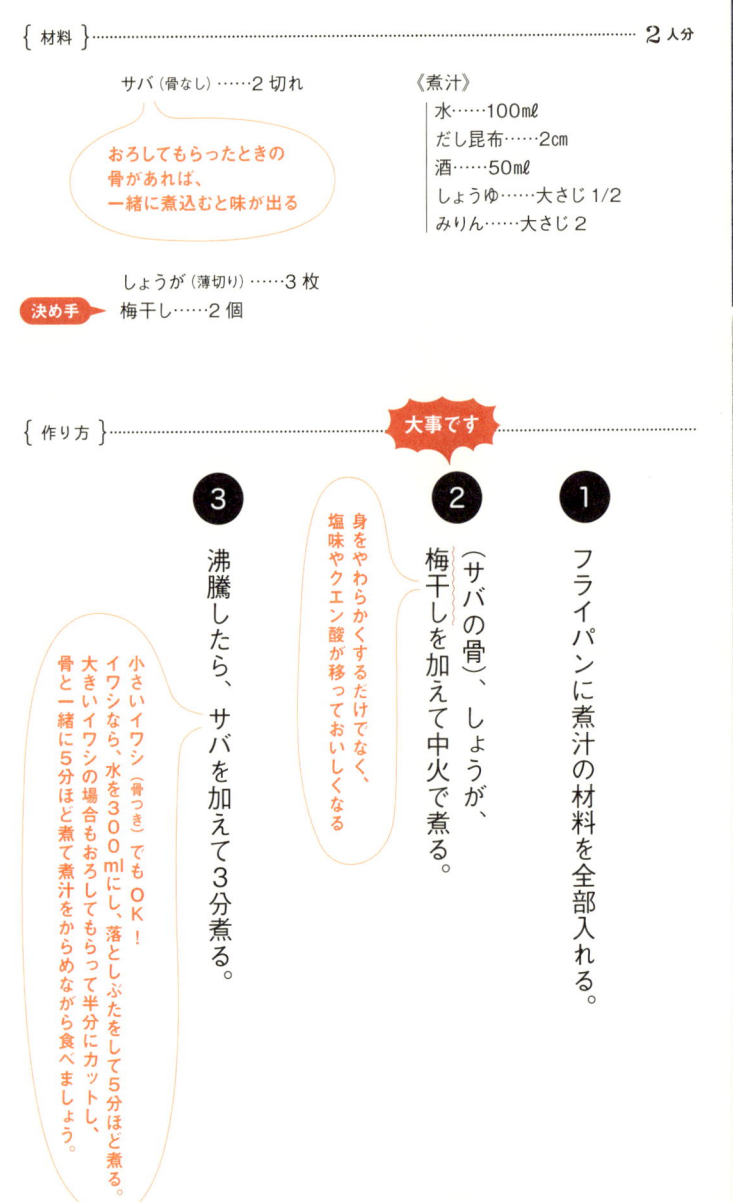

15分

先ににんにくを塗っておくと成功する

ガリバタチキン

バターの香りが最高!!!

recipe № 018

ガリバタチキン

{ 材料 } ……… カット済みが便利 ……… 2人分

鶏もも肉……300g（ひと口大）

決め手

（鶏肉に右の塩、こしょうをふり、チューブにんにくを塗っておく）

| 塩……小さじ 1/3
| 黒こしょう……10 振り
| チューブにんにく……小さじ 1

にんにく（薄切り）……1 片分

オクラ（ヘタを取って 1 ～ 2 センチの長さに切る）
……1/2 パック

決め手 バター……10g

しょうゆ……小さじ 1

オリーブオイル……大さじ 1

{ 作り方 } ……… 大事です

❶ フライパンでオリーブオイルと薄切りにんにくを弱火で炒め、ガーリックフライをつくって取り出す。

簡単おいしいガーリックチップスを先につくっておく！

❷ 塩、こしょう、チューブにんにくを入れて鶏肉をもむ。❶の残った油のまま、鶏肉を入れてフタをし、中火で5分くらい焼く。

フタをすると油が飛び散らず、蒸し効果で早く鶏肉に火が通る

❸ オクラとバターを加えてそのまま中火で1分ほど炒め、しょうゆとガーリックフライを加える。

後から入れるから食感が残る

最後のしょうゆは香りづけのため。鍋肌から加えるといい香り！　バターを後から入れると、香りがすばらしい。あればのりをさっと炙ってのせてもOK

20分

家にある調味料で本格タッカルビに！

タッカルビ

骨はついてないけどね

recipe № 019

タッカルビ

{ 材料 } …… 2人分

鶏もも肉……150g（ひと口大）

カット済みが便利！

チューブタイプは使いやすい

《タッカルビダレ》

- コチュジャン……大さじ1　決め手
- チューブにんにく……大さじ1/2
- チューブしょうが……小さじ1/2
- しょうゆ……大さじ1/2
- 酒……大さじ1/2
- 砂糖……小さじ2
- ごま油……小さじ1/2
- ラー油……お好みで

このタレさえ覚えれば、韓国料理マスターに！

さつまいも（1cm弱の輪切り）……1/2本分

ニラ、キャベツ、もやし、にんじんなどの野菜
……200g（カット野菜1袋になるくらい）

カット野菜もOK
ニラ入りを選んで！
味が複雑になります！

なくていい

トッポギ……140g
油……少々

好きなだけ入れよう

フライパンに引く用

{ 作り方 }

大事です

1. 鶏肉をタッカルビダレに漬ける。
　できれば30分おくと、味がなじんでかなりおいしくなる！
2. フライパンに油を引き、❶の鶏肉だけを入れて中火でざっと炒める。中まで火は通ってなくてOK。
　タレは別に取っておく
3. タレ、さつまいも、野菜、トッポギを加える。
4. フタをし、中火で7分ほど蒸し炒めにする。さつまいもに火が通り、柔らかくなったら完成。
　とろけるチーズを入れるとチーズタッカルビに！

8分

いちばん面倒なのは、ソースだけ混ぜるところ！

鶏の照り焼き

片栗粉はおいしさのモト！

recipe № 020

鶏の照り焼き

{ 材料 } ……………… 2人分

鶏もも肉……200g（ひと口大）

カット済みが便利！

チューブにんにく……小さじ1
しょうゆ……小さじ1
キャベツ……1/8個

カット野菜でもOK。野菜炒め用がおすすめ

《とろみつき照り焼きソース》
砂糖……大さじ1
しょうゆ……大さじ1と1/2～2
みりん……大さじ1
酒……大さじ1
片栗粉……小さじ1弱

決め手

この片栗粉がうまみを鶏肉にからませる

ごま油……小さじ2

フライパンに引く用

{ 作り方 } ………………

1 鶏肉にチューブにんにく、しょうゆをかけてもむ。

できれば5分くらいおく。下味をつけることで味がしみておいしさ倍増！

2 とろみつき照り焼きソースを混ぜておく。キャベツは食べやすい大きさに切る。

3 フライパンにごま油を熱し、❶の鶏肉を入れ中火で火を通す。

4 野菜を加えてさっと炒め、ソースを加えてとろみが出るまで沸騰させて、全体をよくからめる。

沸騰するととろみになり、それが味をからませる

10分

ねぎチキンには、まいたけを入れること

ねぎチキン

まいたけに鶏の味がのっておいしい

recipe № 021

ねぎチキン

{ 材料 } 2人分

- 鶏もも肉……200g（ひと口大）
  - カット済みが便利！
- 塩……ふたつまみ
- 黒こしょう……4ふり
  - このスパイシーさで箸がすすむ
- 片栗粉……大さじ2
  - 鶏肉に塩、こしょうをふったあとに片栗粉をまぶしておく
  - 粉をまぶすことで味がからみやすくなり、肉がソフトになります

決め手 《ねぎ油》
- 長ねぎ（刻む）……大さじ2
  - カット済みでもOK
- ごま油……大さじ1

これが隠れた主役になります！

- まいたけ……1パック（100g）
- しょうゆ……小さじ1強
- 油……小さじ1
  - フライパンに引く用

{ 作り方 }

1. 鶏肉に塩、黒こしょうをふり、片栗粉をつけて油を引いたフライパンでこんがりするまで焼く。
   - ビールにも合う味つけ
   - 中までしっかり火を通さなくてOK
2. 耐熱容器に長ねぎとごま油を入れ、600Wの電子レンジで30秒加熱する。
   - ねぎ油をつくっておく！

3. （大事です）❶にまいたけと❷のねぎ油を加えてフタをし、2分くらい蒸し焼きにする。
   - まいたけがおいしい油を吸い込む。隠れた主役！
4. まいたけに火が通ったら、しょうゆを加え、ざっと混ぜる。
   - しょうゆは鍋肌から加えるのがプロ流。香ばしさUP！

30分

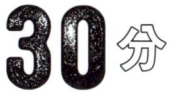

肉じゃがをおいしく、早くつくるには落としぶた肉じゃが

甘くてホクホク、野菜の味がおいしい

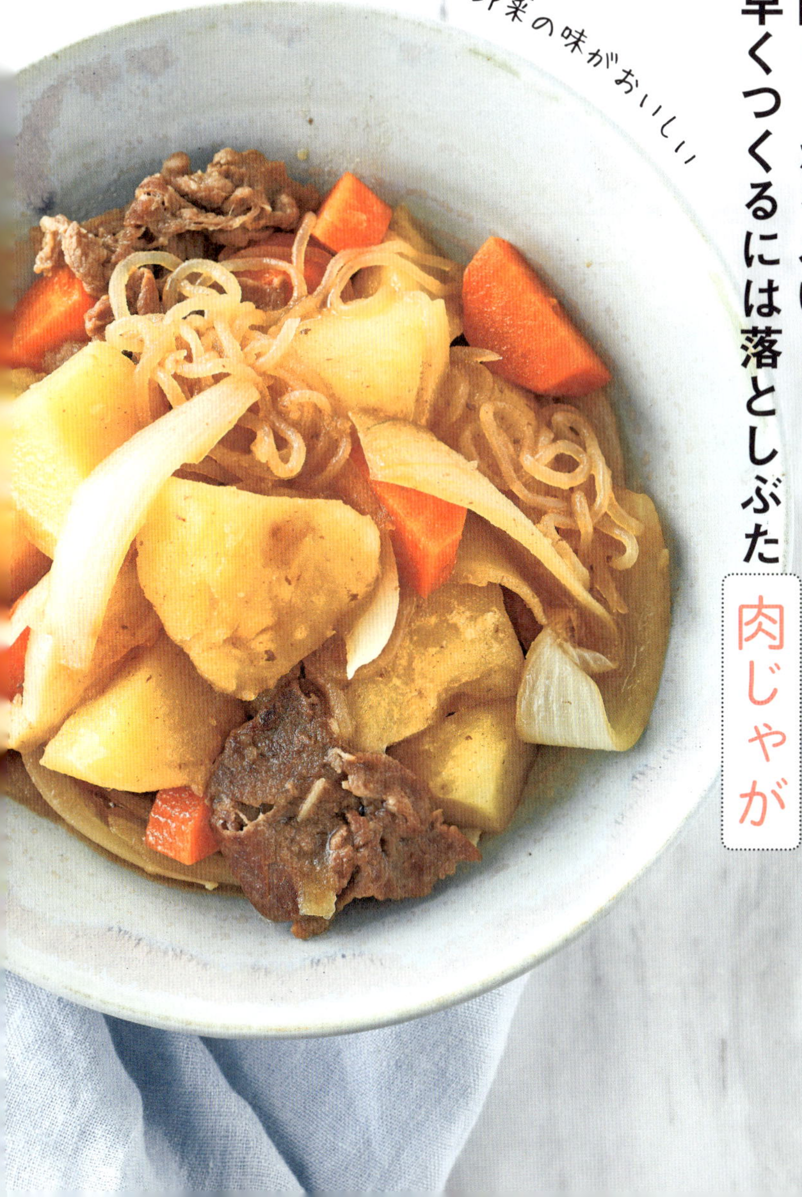

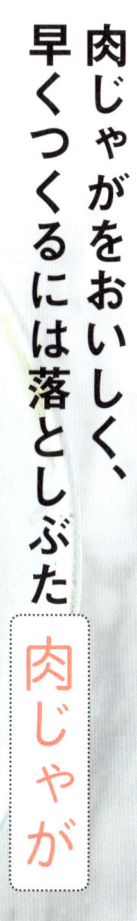

recipe № **022**

肉じゃが

{ 材料 } …… 2人分

じゃがいも……中2個（300g）
（皮をむいて6つにカット）
牛切り落とし肉……80g（豚でもOK）
玉ねぎ……1/2個（大きめにざっくり切る）

なくていい

糸こんにゃく……100g
にんじん……100g（約1本。皮をむいて大きめにざっくり切る）

《煮汁》
だし汁……200mℓ
みりん……大さじ1
砂糖……大さじ2
しょうゆ……大さじ2

油……小さじ2（鍋に引く用）

{ 作り方 } 大事です

1. 鍋に油を熱し、牛肉を色が変わるくらいさっと炒める。
（先に炒めておくと、アクが出ない）

2. すべての具材と煮汁を入れ、落としぶたをする（なければアルミホイルを落とす）。
（落としぶたをすることによって、上まで火が通る）

3. 中火でコトコト20～25分煮る。
（じゃがいもがやわらかくなっていたらOK）

4. 落としぶたを取り、煮詰めながらからめる。
（煮汁を少々残すくらいに。仕上げにみりんを大さじ1（分量外）加えて照りを出そう）

10分

あさりの酒蒸しに飽きたら、
豚といっしょに炒めてみよう！

豚とあさりのスペイン風酒蒸し

recipe № 023

豚とあさりのスペイン風酒蒸し

{ 材料 } 2人分

豚こま切れ肉……150g
あさり……150g
（スーパーで売られているものなら、砂抜きしなくてOK）
にんにく（薄切り）……1片分
しめじ……1パック
決め手
白ワイン……45㎖

（入れると一気にスペインの味に）
なくていい　オリーブ……10個
塩……適量（味を見ながら）
こしょう……ひとふり
なくていい　粉唐辛子……ひとふり
EXVオリーブオイル……大さじ1（フライパンに引く用）

{ 作り方 } 大事です

1. フライパンにオリーブオイルとにんにくを入れて弱火にかける。
（にんにくだけ先に炒めてオイルに香りをつけよう）

2. にんにくが色づいてきたら、豚肉としめじを加えて中火で炒める。
（火は中まで通さず、肉の色が白っぽく変わるまで。まいたけやしいたけ、えのきでもOK！）

3. あさりと白ワイン、オリーブを加えてフタをして中火でコトコト貝の口が開くまで3～4分蒸す。

4. 貝の口が開いたら、味をみて塩、こしょう、粉唐辛子で味を調える。

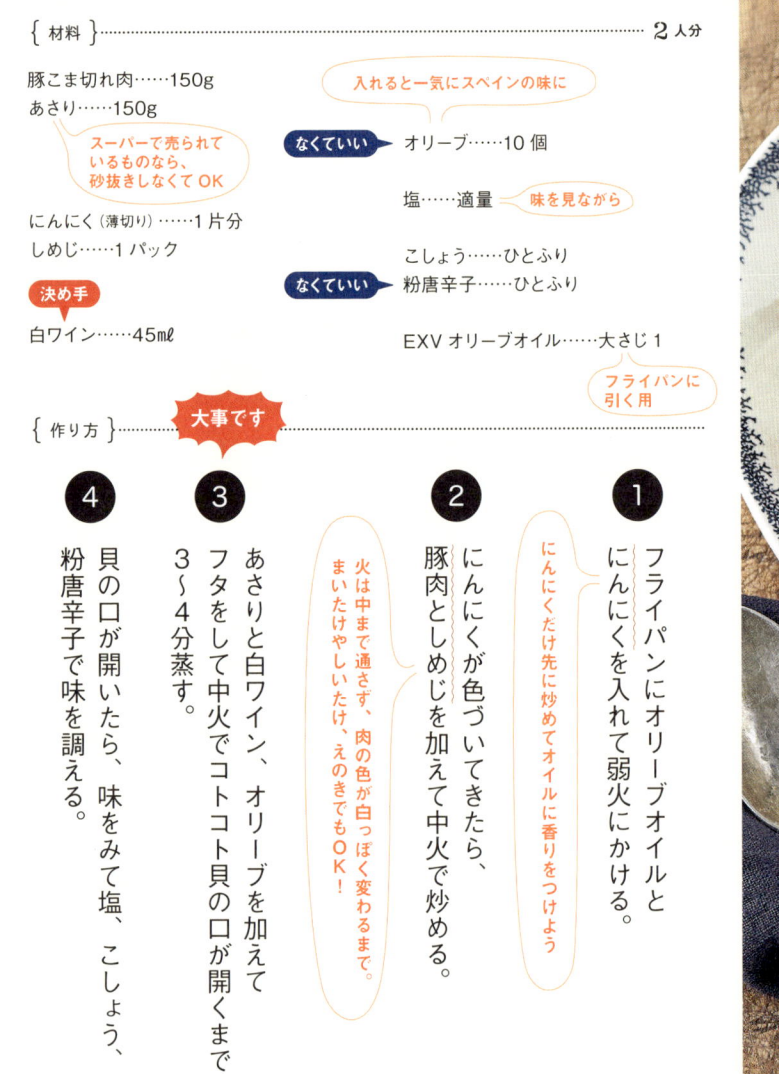

40分

つくっておけば冷凍で2ヵ月持ちます！
おいしいミートソース

大変なミートソースも市販のアレンジでプロの味

recipe № 024

おいしいミートソース

{ 材料 } …… つくりやすい分量

ミートソース（市販品）……1 パック（約 250g）

決め手 合いびき肉……150g

なくていい ローリエ……1/2 枚

あれば本格派！

ミートを追加しておいしくする

{ 作り方 } …… 大事です

1 フライパンに合いびき肉を広げて火にかけ、焼き色をつけるように焼く。

ひき肉は油が多いのでそのまま

2 ミートソース、ローリエを加えて中火で30分コトコト煮る。

トマト水煮缶や、トマトペースト&水を加えるとよりスペシャルに

30分
冷凍していたミートソースを使って！
チリパウダーってすごい！
タコス
チリコンカン
タコライス

recipe № 025

タコライス

{ 材料 } 2人分

これ1本あるだけで味が変わる！

おいしいミートソース（p62）……1カップ（200g）
チリパウダー……小さじ2 ◀ 決め手
ごはん…… 160g
カットサラダやカットトマト……少々
スライスチェダーチーズ…… 1枚

食べやすくカット。チェダーチーズがいちばん味が深くてタコライスに合います

{ 作り方 }

1 ミートソースにチリパウダーを加える。

2 器にごはんを盛り、カットサラダやトマト、❶のミートソース、チーズをのせる。

recipe № 026

タコス

{ 材料 } 2人分

おいしいミートソース……1.5カップ（300g）
チリパウダー……小さじ2 ◀ 決め手
冷凍トルティーヤ……1パック
スライスチェダーチーズ（半分に切る）……1パック
カットサラダ……1パック
トマト……1個（くし形に切る）
タバスコ……お好みで ◀ なくていい

{ 作り方 }

1 ミートソースにチリパウダーを加える。

2 トルティーヤでミートソース、チーズ、サラダ、トマトなどをはさみ、タバスコをかける。

recipe № 027

チリコンカン

{ 材料 } 2人分

おいしいミートソース……1カップ（200g）
チリパウダー……小さじ1～2
粉唐辛子……ふたふり
キドニービーンズ缶……1カップ
塩……ふたつまみ ◀ 味を見て
トルティーヤチップス……適量

イタリア製が安くておいしい。スーパーに売ってます。キドニービーンズはたんぱく質、食物繊維が豊富で栄養満点

{ 作り方 }

1 ミートソースにチリパウダーと粉唐辛子を加える。

2 キドニービーンズ缶を混ぜて塩で味を調え、トルティーヤチップスと一緒に食べる。

20分

茶わん蒸し

面倒くさい茶わん蒸し、じつは混ぜるだけ

recipe № 028

茶わん蒸し

{ 材料 } 2人分

《茶わん蒸しの生地》

溶き卵……1個分
だし汁……150mℓ 決め手

だし汁のおいしさが茶わん蒸しの味に直結するので、自信のない場合はかつお節を1パック（4g程度）入れましょう。かつお節はそのまま食べても！

砂糖……小さじ1/2
しょうゆ……小さじ1と1/2

なくていい
《具》

かに風味かまぼこ……4本
しいたけ……2枚
小松菜……1株
エビ……2尾

具はまいたけ以外ならカマボコや鶏肉など好きなものを何でもOK

{ 作り方 } 大事です

1. 生地をすべて混ぜ合わせる。
2. お茶わんやカップなど、耐熱容器に具を入れ、茶わん蒸しの生地を加える。
3. 鍋にキッチンペーパーを敷いて耐熱容器を並べ、耐熱容器の高さの半分くらいまで水を入れる。中火にかけ、沸騰したら弱火にしてフタをし、10分ほど蒸す。

茶わん蒸しはけっこう低い温度で固まります。10分をすぎると「す」がたつので注意

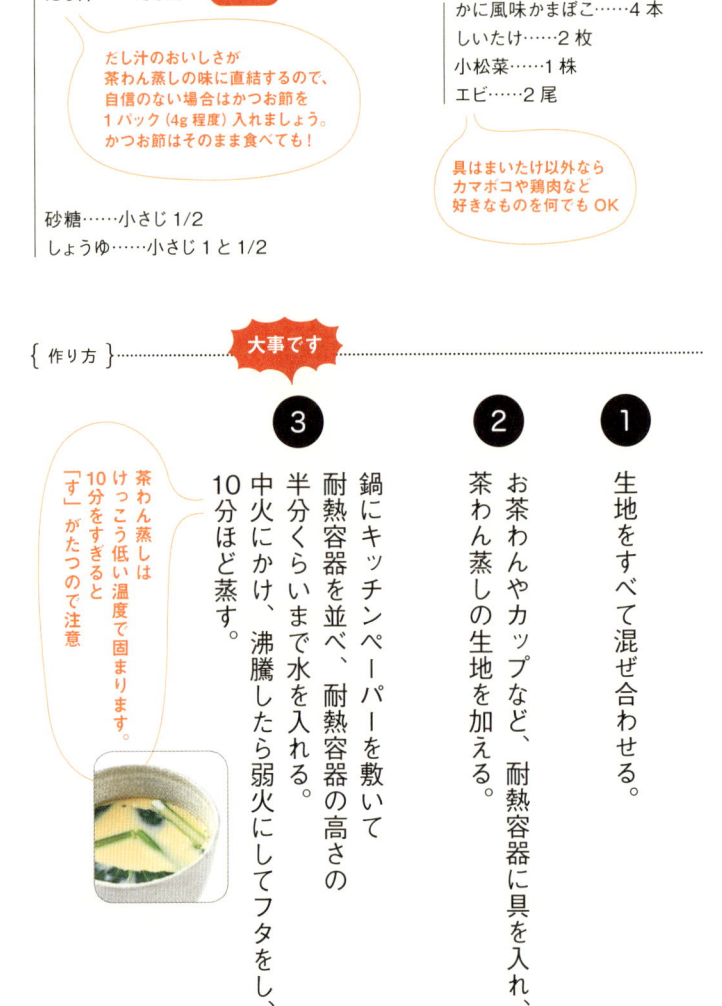

15分
ねぎ油さえつくれば、
超おいしくできあがる
かに玉
かにかまだけで、超かに玉！

recipe № 029

かに玉

{ 材料 } 2人分

卵……4個
塩……小さじ1/8
決め手 かに風味かまぼこ……6本
なくていい 生しいたけ……3枚
決め手 《ねぎ油》
長ねぎ（刻む）……1/3本
ごま油……大さじ1

《あんかけ》
水……100mℓ
鶏ガラスープの素……小さじ1/4
しょうゆ、オイスターソース……各小さじ1
砂糖……小さじ2と1/4
酢……小さじ1
片栗粉……小さじ1
ごま油……少々
油……小さじ2

とろみが味をからめておいしくします

{ 作り方 } 大事です

1. 小さい耐熱容器に長ねぎを入れてごま油大さじ1をまぶす。600Wの電子レンジで30秒ほど加熱し、ねぎ油をつくる。
2. かにかまをほぐし、しいたけは薄切りにする。卵、塩とかにかま、しいたけに❶を加えて混ぜる。
3. フライパンに油を引き、十分に熱くする。強火のまま❷を加えて手早く10回混ぜる。

卵を高温で半分揚げるようなイメージ。手ばやく10回くらい混ぜると、ちょうど半熟状態になります。耐熱のゴムベラを使うと混ぜやすい

4. 弱火にして1分ほど底をしっかりと焼き、火から下ろして平らな皿などをかぶせて裏に返して取り出す。それをフライパンに戻して再び2〜3分底を焼いて器に盛りつける。

見ばえがよくなるコツ！

5. あいた鍋にあんかけの材料をすべて入れて火にかけ、混ぜながら沸騰させとろみをつける。❹にかけて完成！

20分

カチョエペペをマスターすれば上に何をかけてもおいしい
カルボナーラ風カチョエペペ

カチョエペペは
チーズと黒こしょうのパスタのこと

recipe № **030**

カルボナーラ風カチョエペペ

{ 材料 } 2人分

パスタ……160g

リングイーネがおすすめ。もしのびても、のびたように感じないのでおいしく食べられる

決め手　粉チーズ……大さじ3

黒こしょう……10ひき

塩……ひとつまみ　味を見て

なくていい　5分のゆで卵（p32）……1個

{ 作り方 }　大事です

1. パスタを表示時間からマイナス1分を目安にアルデンテに塩ゆで（分量外）し、ゆで汁を50 mℓくらい取っておく。

アルデンテとは「奥歯でかみしめて固目」のこと。ソースを混ぜ合わせる時間を考慮し、少し早めに上げるとよい

2. ゆで上がった熱々のパスタをボウルに入れて、熱いゆで汁50 mℓ程度と粉チーズ、黒こしょうを混ぜ、味を見て塩で調える。

ゆで汁に溶け出たパスタの旨味をソースに使おう

3. 器に盛り、ゆで卵をのせる。

15分

バゲットが余ったら電子レンジでおいしい朝ごはん！

パンペルデュ

おやつにもぴったり！

recipe № 031

パンペルデュ

{ 材料 } 17cm 角×深さ4cm くらいの型 1 個分

グラタン皿や耐熱容器なら何でも OK。オーブンで焼く場合は、耐熱性ホーローバット、ホーロー鍋など

バゲット……1/2 ～ 1/3 本

食パンの場合は 3 枚くらい

《卵液》

卵……2 個

砂糖……大さじ 5 ～ 6

牛乳……400mℓ

なくていい ラム酒……小さじ 2

あれば本格派！ ウイスキーやブランデーなどの洋酒でも

なくていい 粉砂糖……適量

最後にふるとおしゃれ

{ 作り方 } 大事です

1. バゲットを2～3㎝の厚さに切って型に並べる。

型にぴったり入るくらいのパンを入れる

2. 卵液の材料を混ぜて型に流し、パンによく吸わせる。

3. ラップをかけて600Wの電子レンジで様子を見ながら5～6分加熱する。液体が固まったらトースターで7～8分焼き、表面に焼き色をつける。

オーブンで焼く場合は、❷のあと180℃で15分くらい焼き、様子を見ましょう

4. 食べるときにおいしそうに見えるくらいに粉砂糖をふる。

15分

高野豆腐の含め煮

固くしないためには、しょうゆを少なめに

鉄分豊富！　突然食べたくなる家庭の味

recipe № 032

高野豆腐の含め煮

{ 材料 } ……………………………………………… 2人分

高野豆腐（カットタイプ）……40g

だしつきで
戻し不要のものが
簡単！

生しいたけ……2枚
オクラ……4本

決め手 《煮汁》

顆粒でも液体でも
だしパックでもOK

- だし汁……250ml
- 砂糖……大さじ1/2
- みりん……大さじ1/2
- しょうゆ……大さじ1/2

高野豆腐は酸性の調味料で煮ると
固くなってしまいます。
しょうゆ（みそも）は酸性の調味料なので、
しょうゆの量を抑えめにしましょう

{ 作り方 } …… 大事です ……………………………

1. 生しいたけは石づきを取り、軸ごと半分に切る。オクラはヘタを取って半分に切る。

   石づきとは、
   土がついている軸の先っぽの部分

2. 鍋に煮汁を沸かし、高野豆腐と生しいたけ、オクラをすべて入れて中火でコトコト6分くらい煮る。

   先に煮汁を沸かすと、煮くずれしにくい

← 次のページに
アレンジレシピ

10分

あまった高野豆腐をごちそうに
高野豆腐の肉巻き

お弁当にも！

recipe № 033

高野豆腐の肉巻き

{ 材料 } 2人分

高野豆腐の含め煮（p74）……小6個
豚ばら肉薄切り……6枚
小麦粉……大さじ1　様子を見ながら

決め手 《照り焼きのタレ》（混ぜておく）
砂糖……大さじ1
しょうゆ……大さじ1

油……小さじ1　フライパンに引く用
粉ざんしょう……少々

{ 作り方 }

大事です

1. 高野豆腐の含め煮を豚肉で巻き、小麦粉をまぶす。
小麦粉をまぶすとタレがよくからみます

2. フライパンに油を熱し、❶の肉巻きを転がしながら肉に火が通るまで焼く。

3. 照り焼きのタレを加えてよくからめ、粉ざんしょうをふる。

15分

サバカレー

サバをカレーにするとダシがおいしい

フランスの家庭料理が簡単にできます

recipe № 034

サバカレー

{ 材料 } …… 2人分

本格的な味に。ない場合はクローブでも

決め手 サバ（切り身）……1枚

塩……ふたつまみ　味を見ながら

玉ねぎ（薄切り）……150g

カレー粉……小さじ1～2

トマト水煮（カットタイプ）……100㎖

鶏ガラスープの素……小さじ1

水……400㎖

おろしにんにく……小さじ1

チューブでも

おろししょうが……大さじ1/2

なくていい　オールスパイス……2ふり

ご飯……お好みで

野菜……好みのもの（根菜以外）　なくていい

何でも入れたいものを入れましょう！

EXV オリーブオイル……大さじ1/2＋1/2

大事です

{ 作り方 }

1 サバを2㎝幅に切り、塩をふる。フライパンにオリーブオイル大さじ½を熱し、サバを白っぽくなるまでさっと焼いて取り出す。

サバの脂が油に移り、おいしくなる

2 オリーブオイル大さじ½を足し、玉ねぎを炒める。

3 玉ねぎのかさが30％程度減ったら、カレー粉を加える。

5分くらい。カレー粉は好みで増やす

4 トマトと鶏ガラスープの素、水、にんにく、しょうがを加えて3分煮込む（もし野菜を加えるなら、ここで加える）。

トマトで酸味、鶏ガラスープの素で旨味をプラス。しょうがとにんにくは炒めずに加えれば、味にパンチが出る

5 サバを戻してさっと煮込み、味を見て塩（分量外）で調節し、オールスパイスを加え、ご飯にかける。

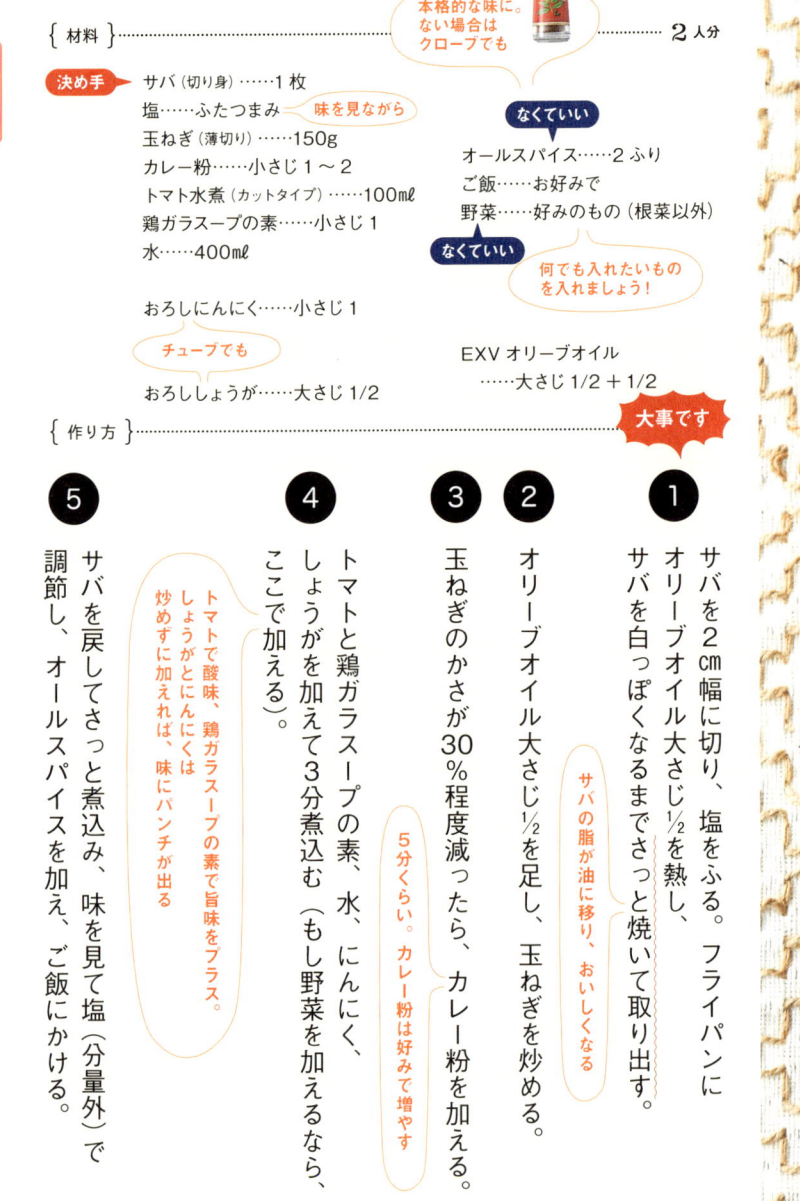

25分

エビアンを使うとパラっとする
本格ジャンバラヤ

肉と魚の具を入れることでおいしさアップ

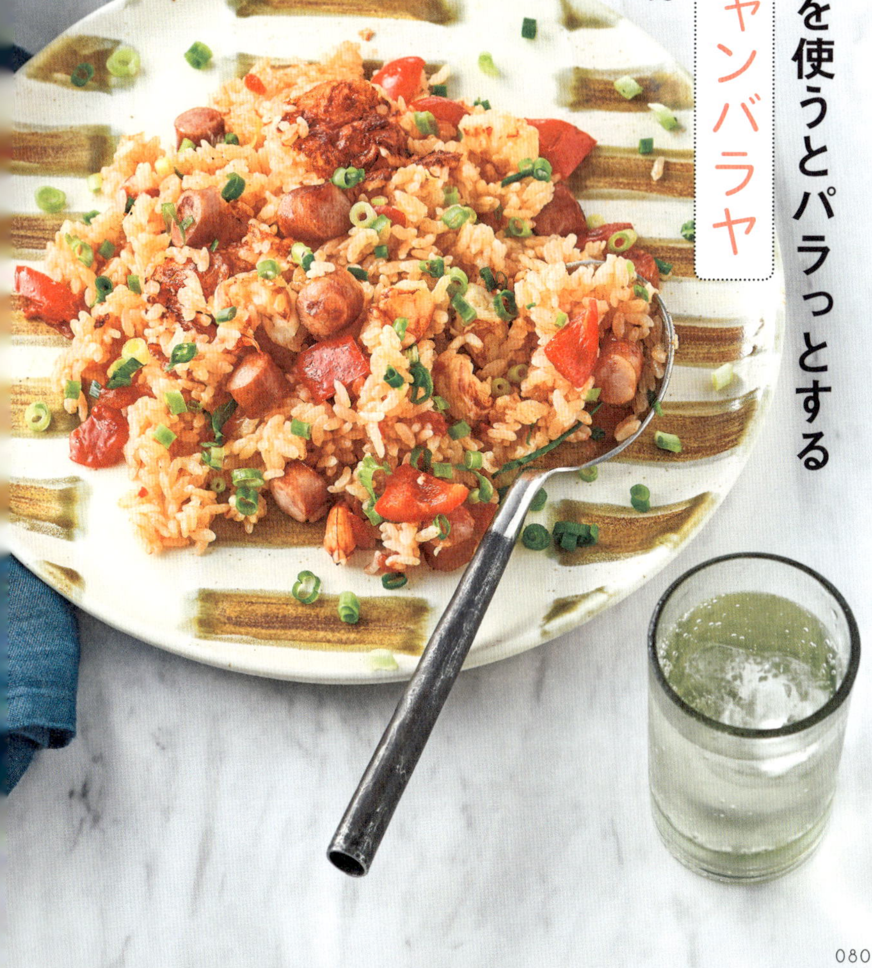

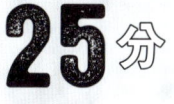

recipe № 035

本格ジャンバラヤ

{ 材料 } できれば洗って吸水させておく ……… 2人分

お米……2合

決め手　硬水……400㎖

水はエビアンなどの硬水を使う。米がベタつかずにパラリと炊き上がる

ウインナソーセージ……4本（輪切り）
エビ……8匹（殻をむいて、背わたを取る）
パプリカ……1/2個（1cmくらいの角切り）
鶏ガラスープの素……小さじ1
塩……小さじ1/2
チリパウダー……小さじ2
トマトペースト……大さじ1
青ねぎ（輪切り）……大さじ1
EXVオリーブオイル……大さじ1

フライパンに引く用

{ 作り方 } ……… 大事です

1. フライパンにオリーブオイルを引き、ソーセージとエビとパプリカを炒める。

2. ❶に水と鶏ガラスープの素、塩、チリパウダー、トマトペーストを加えて混ぜ、水をきった米を加えて前後にゆすり、沸騰したら弱火にしてフタをして12分炊く。

ゆするのは、平らにしたいから

3. 味を見て塩味が足りなければ塩（分量外）を足し、青ねぎを散らす。

15分

先に炒める玉ねぎが
うまみのポイント！

アマトリチャーナ

ローマっ子の大好きなパスタ

recipe № **036**

アマトリチャーナ

{ 材料 }…………………… **1** 人分

リングイーネなら、
もしのびても、
のびたように感じないので、
おいしく食べられる

パスタ……80g

決め手

玉ねぎ（スライス）……1/4 個くらい

ベーコンスライス……1 枚（1 センチ幅に切る）

にんにく（みじん切り）……小さじ 1/4

トマト水煮缶……100mℓ

塩……ひとつまみ　3本指で

パスタのゆで汁……30mℓ　とっておく

なくていい

粉チーズ……大さじ 2

何でもいいですが、西友のグレート
バリューシリーズの粉チーズはコスパ最強です

オリーブオイル……小さじ 2　フライパンに引く用

{ 作り方 }…………………… 大事です

1 フライパンにオリーブオイルを引き、玉ねぎとベーコンを中火で炒める。

ここで玉ねぎの甘みとベーコンのうまみを出す

2 味見をして、玉ねぎが辛くなくなったら、にんにくとトマト水煮缶を加える。

3 2分ほど煮たら塩で味を調え、アルデンテに塩ゆでしたパスタとゆで汁30mℓを加え、チーズも入れて手早く和え、再び味を確認する。

パスタは、多めに塩を入れ、
塩味がついているぐらいでゆでるのがおいしくつくるコツ

4 器に盛り、粉チーズをふる。

たっぷりかけるとおいしい

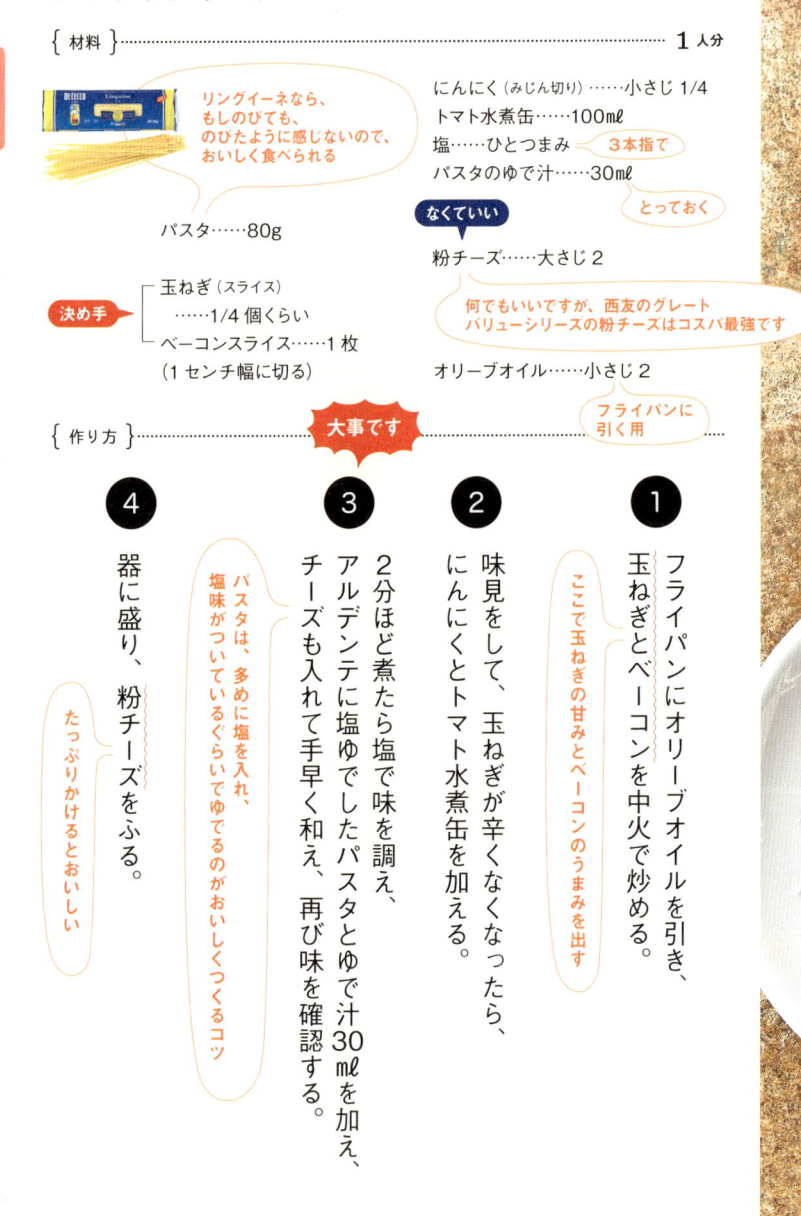

5分

トムヤムペーストが家に1本あれば、
タイ料理が簡単につくれる

トムヤムヌードル

recipe № 037

トムヤムヌードル

{ 材料 } …… 1 人分

決め手

トムヤムペースト……大さじ 1

糖質 0 麺もおすすめ。
小麦ではないので、のびづらく、
トムヤムヌードルの雰囲気が出る

水……250㎖
鶏ガラスープの素……小さじ 1/2

しょうゆでも！

ナンプラー……小さじ 1/3

麺（そうめんやライスヌードルなど何でも）……1 人前

なくていい

しめじ……6 本くらい
小松菜……小 1 本
サラダチキン……お好みで
パクチー……お好みで

{ 作り方 } ……

大事です

1. しめじは小房に分け、小松菜は食べやすい大きさに切る。サラダチキンは薄切りにする。
2. 鍋に水を入れ、鶏ガラスープの素とトムヤムペーストを溶き、味見をしてナンプラーで塩味を調え、しめじ、小松菜を加えて沸かす。

鶏ガラスープの素もトムヤムペーストも、商品によって塩味が違うので、ここで味見をしよう

3. 麺とサラダチキンを鍋に入れて煮る。（そうめんの場合だけ、表示通りに別にゆでて加える）。器に盛り、パクチーをのせる。

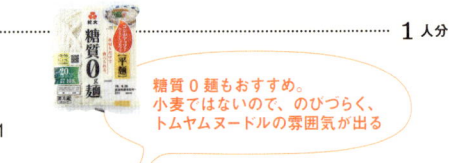

40分

硬水にすればカオマンガイは失敗しない

炊飯器でカオマンガイ

recipe № 038

炊飯器でカオマンガイ

{ 材料 } 余分な皮は取り除く …… 2人分

鶏もも肉……1枚（300g）

決め手

チューブしょうが……小さじ1/2
ナンプラー……小さじ2

米……1合
できれば洗って硬水に浸け、30分おく

硬水……1合の水よりちょっと下くらい
水はエビアンなどの硬水を。米がベタつかずにおいしく炊き上がる

塩……小さじ1/3
チューブにんにく……小さじ1/4

なくていい

きゅうり（薄切り）……1本分
トマト（薄切り）……小1個分
パクチー、ライム……好きなだけ
レモンでもOK！

《さわやかチリソース》（混ぜておく）
スイートチリソース……大さじ2
レモン汁……小さじ2

{ 作り方 } …… 大事です

1. 鶏肉にチューブしょうが、ナンプラーをまぶす。
2. 炊飯器に米を入れて硬水を1合の目盛りより少なめに入れる。
   鶏から水分が出るので
3. 塩、チューブにんにくを入れ、❶の鶏肉をのせて早炊きで炊飯する。
   早炊きにすると固く仕上がって本物っぽい味になる
4. 炊けたら、鶏肉を取り出して切る。
5. 器にごはん、鶏肉、きゅうり、トマトを盛り、パクチー、ライムを添える。
6. さわやかチリソースをかけて食べる。

40分

ほぐすの手間だけど最高においしい
さんまの炊き込みご飯

recipe № 039

さんまの炊き込みご飯

{ 材料 } …… 2人分

（できれば洗って水に浸けておく）

米……2合
塩……小さじ 1/2
だし汁……380 ～ 400mℓ

決め手
焼き魚（さんま塩焼き）……1尾
しょうが（千切り）……小さじ 1/2

{ 作り方 }

1. 炊飯器に米、塩を入れ、だし汁を炊飯器の2合の線に合わせて入れる。
（白い炊き込みご飯の基本）

2. 焼き魚の身をほぐして骨ものせ、炊飯する。
（腹周りに小骨が多いのでそこだけ慎重にすれば上手に身をほぐせる。鍋で炊く場合は、火をつけて沸騰させ、沸騰したらフタをして弱火で12分炊く）

3. 炊けたら骨は取り出し、しょうがを混ぜる。

焼いたさんまをスーパーで買っても

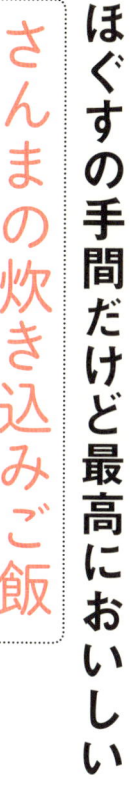

recipe № 040

あさりの炊き込みご飯

45分

{ 材料 } 洗っておく …… 2人分

米……2合
あさり……300g
（スーパーのものは砂抜きなしでOK（気になるならしてください））
酒……40mℓ
しょうゆ……大さじ1と1/2
みりん……大さじ2
しょうが（薄切り）……1枚
青ねぎ（輪切り）……少々（なくていい）

{ 作り方 } 大事です

1. あさりは貝殻をこすり合わせるように洗って鍋に入れる。
2. 酒を加えてフタをし、中火で口が開くまで酒蒸しにする。
3. 貝が開いたら取り出し、身だけ煮汁に戻してその中で振る。（ここで砂が落ちるかも！）
4. 貝の煮汁をゆっくり計量カップに移し、底に溜まった砂を取り除く。
5. ❹に水（分量外）を足して350mℓにしてしょうゆとみりんを加え、米2合と一緒に炊飯器にセットして、しょうがをのせて炊飯する。
6. 炊き上がったら、❸のあさりの身と青ねぎを加える。

recipe № 041

鶏ごぼうご飯

40分

{ 材料 } …… 2人分

米……2合（洗っておく）
しょうゆ……大さじ2
塩……小さじ1/3
だし汁
……360～380mℓ
（水でもいいが、だし汁の方がおいしい！）
鶏もも肉……40g（サイコロ状に小さく切る）
にんじん……1/4本（短冊に切る）
ごぼう……1/2本（笹がきにする）
チューブしょうが
……小さじ1/2

（市販のものを使用する場合、下ゆでしていないものが香りが良い）

{ 作り方 } 大事です

1. 炊飯器に米、しょうゆ、塩を入れ、だし汁を炊飯器の2合の線に合わせて入れる。
2. 鶏肉、にんじん、ごぼうをのせ、炊飯する。（鍋で炊く場合は、火をつけて沸騰させ、沸騰したらフタをして弱火で12分炊く）
3. 炊き上がったら、チューブしょうがを混ぜる。

30分

中華おこわ風ご飯

ごはんからつくるからすごく早い

recipe № **042**

中華おこわ風ご飯

{ 材料 } …… **2~3** 人分

まいたけ……1パック
（100g、割いておく）

しょうが……大さじ1
（粗みじん切り。チューブなら2センチ）

鶏ガラスープの素……小さじ 1/3

水……50mℓ

オイスターソース……大さじ 1/2

こしょう……お好みで

冷やご飯を使おう

決め手 ご飯……350g

決め手 味つけザーサイ（ざく切り）
……大さじ3

かに風味かまぼこ（食べやすく割く）
……5～6本

青ねぎ（小口切り）
……大さじ1

ごま油……大さじ1

フライパンに引く用

{ 作り方 } …… 大事です

1. フライパンにごま油を熱し、まいたけを炒めてしょうがを加える。

2. 鶏ガラスープの素と水、オイスターソース、こしょうを加えて沸騰したらすぐに火を止める。

3. 冷やご飯とザーサイ、かにかま、青ねぎを加えてよく混ぜる。

冷やご飯は水分が元々抜けているのでべっちゃりしない

4. 耐熱容器に移してラップをして600Wの電子レンジで5分ほど加熱する。

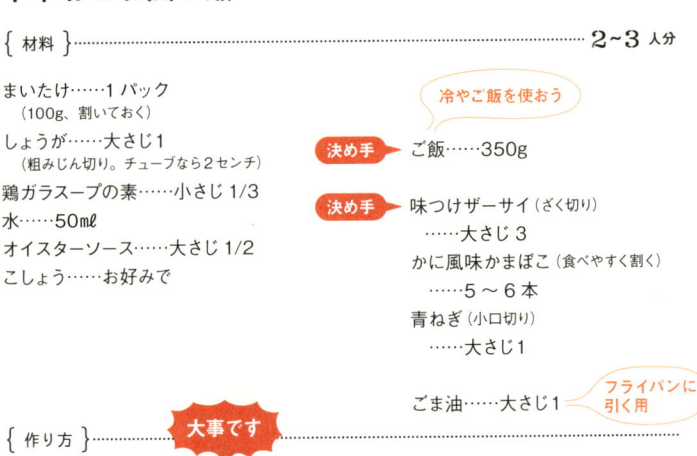

15分

おとなも子どもも大好きな中華あんをマスター

大事です

① 基本の中華あん

{ 材料 }

水……100㎖
鶏ガラスープの素……小さじ１強
しょうゆ……小さじ１
塩……小さじ１
こしょう……少々
ごま油……少々

決め手

片栗粉……小さじ２
チューブしょうが……1㎝

ポイント

あんかけは鶏ガラスープの素をかつおだしにすると和風になります。あんをかける材料は好きなもので OK!

recipe № 043

八宝菜

{ 材料 } 2人分

基本の中華あん……全量

白菜、チンゲン菜、小松菜、にんじんなど何でも……約200g（トータルでカット野菜ひと袋になるくらい。食べやすい大きさに切る）

カット野菜でもOK
八宝菜用のカット野菜がおすすめ。
なければ、
白菜やキャベツが多いものを

冷凍シーフードミックス（水につけて表面の氷だけさっと取り除く）……100g
うずら卵（スモーク）……4個
かに風味かまぼこ（食べやすく割く）……6本

油……大さじ1

フライパンに
引く用

{ 作り方 }

1 基本のあんの材料を合わせて、すべての具材をそろえておく。

後の作業が
手早くできる

2 フライパンに油を熱し、シーフードミックスを炒める。魚介の色が白っぽく（または赤く）変わったら、野菜を加える。

3 野菜がしんなりしたら、うずら卵とかにかまを加えて炒め合わせる。

4 あんをもう一度よく混ぜてから加え、沸騰させてとろみをつける。

15分 どんな炒め物も簡単に中華風！ しょうゆあんをマスター

大事です

② 基本の しょうゆあん

{ 材料 }

水……100㎖
鶏ガラスープの素……小さじ1強

決め手

オイスターソース……大さじ1/2
しょうゆ……大さじ1

砂糖……大さじ1
ごま油……少々

決め手

片栗粉……小さじ2

recipe № 044

卵とアスパラのあんかけ

{ 材料 }…………………… 2人分

基本のしょうゆあん
……全量（混ぜておく）
卵……2個
グリーンアスパラガス
……4本
（根元の皮をむいて斜め切りにする）
長ねぎ（刻む）……大さじ2
水……30㎖
鶏ガラスープの素
……小さじ1/4
塩……ふたつまみ　3本指で
こしょう……ふたふり
油……少々　フライパンに引く用

{ 作り方 }

1. 卵を溶いて水、鶏ガラスープの素、塩、こしょうを混ぜておく。
2. フライパンに油を熱し、アスパラを強火でさっと炒め、長ねぎを加える。香りが出たら、❶を加える。周りから中央に向かって大きく6回混ぜて半熟状に火を通し、器に盛る。
3. あんをもう一度よく混ぜてから同じフライパンに加え、沸騰させてとろみをつけて❷にかける。

recipe № 045

厚揚げの野菜あんかけ

{ 材料 }…………………… 2人分

基本のしょうゆあん
……全量
ポン酢しょうゆ……小さじ2

もちもちした食感がおいしい「新食感厚揚げ」がおすすめ！

厚揚げ……2枚
もやし、にんじんなど
……100g（カット野菜半袋になるくらい。にんじんは食べやすい大きさに切る）
なめこ……大さじ1
油……小さじ2　フライパンに引く用

{ 作り方 }

1. 基本のしょうゆあんの材料にポン酢しょうゆを加えておく。　ポン酢しょうゆを加えるのがポイント！
2. 耐熱容器に厚揚げをのせ、600Wの電子レンジで50秒くらい加熱して温め、器に盛る。
3. フライパンでカット野菜を油が回るくらい強火でさっと炒め、ポン酢しょうゆ入りのあんをもう一度よく混ぜてから入れ、なめこを加え、沸騰させる。❷にかけて完成。　野菜はシャキシャキ感が残るくらいがオススメ！

20分

おとなも子どもも大好き甘酢あんをマスター

③ 基本の
甘酢あん

大事です

{ 材料 }

水……100㎖
鶏ガラスープの素……小さじ1
決め手
酢……大さじ2

砂糖……大さじ2
しょうゆ……大さじ2
決め手
片栗粉……小さじ2

ポイント

酸味のあるあんかけにしたい時はこのレシピ。酢豚などにも使います。酢の代わりに黒酢を使えば黒酢あんになります。

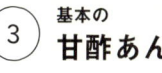

recipe № 046

めかじきと野菜の甘酢あん

{ 材料 }……………… 2人分

基本の甘酢あん
……全量（混ぜておく）
めかじき……100g
（一口大に切って小麦粉をまぶす）

焼いたときに形がくずれず、
甘酢あんも
からみやすくなる！

小麦粉……少々
もやし、にんじんなど
……200g（カット野菜ひと袋になるくらい。にんじんは食べやすい大きさに切る）
ごま油……大さじ1

フライパンに
引く用

{ 作り方 }

1. フライパンにごま油を熱し、小麦粉をつけためかじきを火が通るまで焼いて取り出す。
2. 同じフライパンで野菜を油が回るくらいにさっと炒め、あんをもう一度よく混ぜてから加えて沸騰させ、とろみをつける。
3. 焼いためかじきを❷に戻し、沸騰するまで温める。

recipe № 047

甘酢肉団子

{ 材料 }……………… 2人分

基本の甘酢あん……全量

決め手

トマトケチャップ……大さじ1強
（ケチャップをあんに混ぜておく）

《 肉団子 》
ひき肉……150g
塩……2つまみくらい

3本指で

チューブしょうが……小さじ1/2

なくていい

オイスターソースでも！

香味ペースト……小さじ2
水……大さじ2
片栗粉……大さじ1/2
長ねぎ（刻む）……大さじ3

パプリカ……1/4個（細切りにする）
玉ねぎ……1/2個（細切りにする）
油……大さじ1

{ 作り方 }

1. ボウルに肉団子の材料を入れてよく混ぜ、団子状にまとめる。

ひき肉に片栗粉を加えるとプリッとした食感に。
さらに水分を入れることでやわらかくなる

2. フライパンに油を熱し、❶の肉団子をよく焼く。パプリカと玉ねぎを加え、しんなりするまで炒める。
3. あんにトマトケチャップを入れ、よく混ぜてから❷に加えて沸騰させ、とろみをつける。

COLUMN 02

あんかけをおさらい！

あんかけのテクニックを覚えれば、料理の幅がぐっと広がります。
むずかしそうに見えても、覚えるのはこれまで出てきた3つの基本だけです。

① 基本の 中華あん

POINT!
淡白な味なので、もの足りない人は、おろししょうがやごま油、ねぎ油などを入れてもいいでしょう

八宝菜（p93）

② 基本の しょうゆあん

卵とアスパラ
あんかけ（p95）

POINT!
ポン酢で酸味をつけたりして、大体のあんかけ料理に対応できます

厚揚げの
野菜あんかけ（p95）

③ 基本の 甘酢あん

POINT!
かに玉（p68）を
この味で使ってもOK

めかじきと野菜の
甘酢あん（p97）

甘酢肉団子（p97）

Chapter 03

疲れているときでも つくれて、消化しやすい

10分

卵をふわふわにするのは水分
トマトと卵の炒めもの

卵が半熟になるようにだけ気をつけること

recipe № 048

トマトと卵の炒めもの

{ 材料 } 2人分

トマト……小1個
（ヘタを取ってくし切りにしておく）
卵……2個
塩……ひとつまみ（3本指で）
こしょう……ひとふり
鶏ガラスープの素
……小さじ1/2

決め手 水……50mℓ
なくていい パクチー……お好みで
油……大さじ1強
決め手 ごま油……小さじ1

{ 作り方 } 大事です

1. 卵を溶いて塩、こしょう、鶏ガラスープの素、水を加えてよく混ぜる。
（水分を多めに入れるのは卵をやわらかくするため。これでふんわり卵に！）

2. フライパンに油を引いて煙が出るまでアツアツに熱し、❶の卵をジュワーッと加えて周りから中央に向かって大きく4回混ぜて半熟状態で皿にいったん取り出す。
（ふわふわになる）
（大きく混ぜると、大きなかたまりになる）

3. 同じフライパンにごま油を入れてトマトを炒める。
（卵と別に炒めることでトマトがちょっとくずれておいしくなる！）

4. トマトから水分が出てきたら❷の卵を戻してザッと混ぜてできあがり！
（好みでパクチーを飾る）

5分

鯛茶漬け

だしでお茶漬けを
つくると最高です

アジでもおいしい

recipe № 049

鯛茶漬け

{ 材料 } …… 2人分

アジやイワシなどの光りものでも。
見切り品の刺し身でもとてもおいしくなる

《鯛のごま漬け》

鯛の刺し身……1パック（約100g）

決め手

白ごまペースト……大さじ1
砂糖……小さじ2
しょうゆ……小さじ1

決め手

白ごま……小さじ1

ご飯……一膳

なくていい　焼きのり……好きなだけ

パックで煮出すか、
市販の顆粒だしを
表示通りに溶いて用意する

かつおだし……約250ml

なくていい　わさび……好きなだけ

{ 作り方 }

1. 鯛のごま漬けの材料をすべて混ぜておく。

すぐに食べてもいいけれど、
冷蔵庫で数時間なじませると料亭の味

2. アツアツのご飯の上に（焼きのりがあれば揉んでのせ）、鯛のごま漬けをのせる。

3. 熱いかつおだしを注ぎ、わさびを添える。

だしのひと手間で最高！
胃にやさしい！

5分

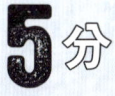

ニラは大きく切ると シャキシャキになる

ニラ玉

卵をとろっとさせるには
フライパンでの混ぜ方が大事

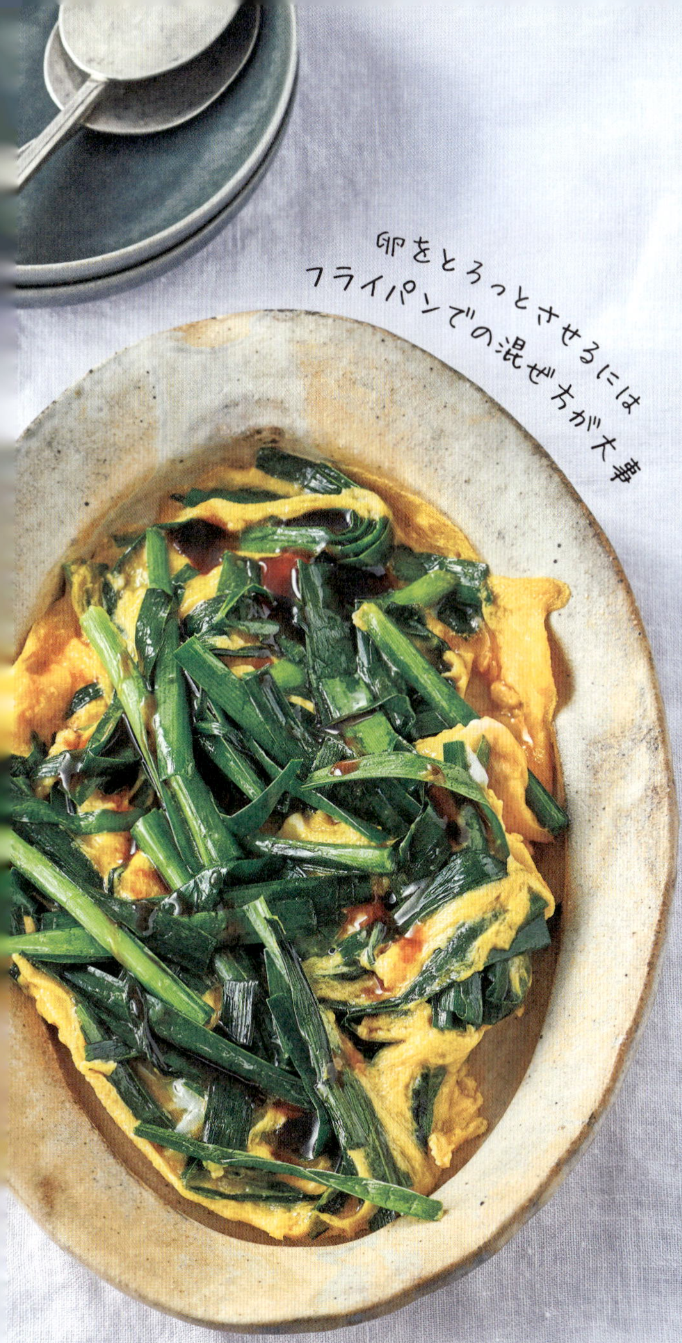

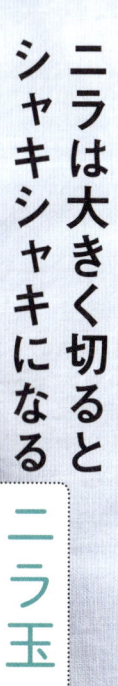

recipe № 050

ニラ玉

{ 材料 } 2人分

簡単に複雑な味に！
香味ペーストがなければ、
白だし少々でも

卵……2個
水……大さじ2
決め手 香味ペースト…小さじ1

大きめに切るとおいしい！

ニラ……10本（5cmほどに切っておく）
オイスターソース……小さじ2
油……小さじ2
決め手 ごま油……小さじ1

辛くしたいときは
代わりにラー油を！

香り担当

{ 作り方 }

大事です

1. 卵を溶き、水と香味ペーストを加える。

   水分を多めに入れるとふっくらふんわりします

2. フライパンに油とごま油を引き、ニラを中火で30秒ほどさっと炒める。

   シャキシャキとした歯ごたえを残したい

3. 強火にして❶を加え、周りから中央に向かって大きく4回混ぜて半熟状に火を通して器に盛る。

   大きく混ぜると大きなかたまりになる。火を通しすぎず、必ず「とろっと」仕上げること！

4. 最後にオイスターソースをかける。

   味と見た目のアクセントになる

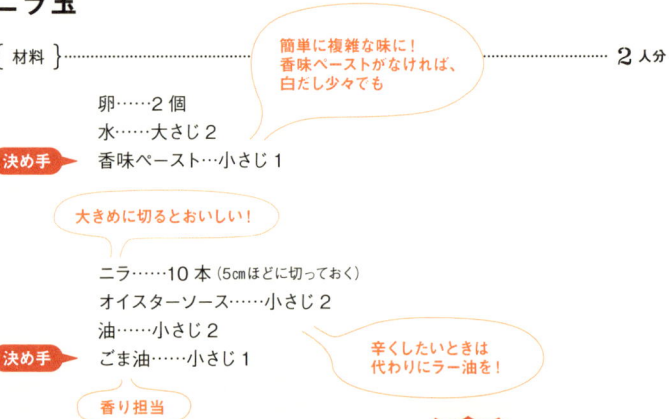

recipe № 051

わかめ豆乳ポン酢

5分

ポン酢を使うと失敗しない
わかめ豆乳ポン酢

{ 材料 } 2人分

- 乾燥わかめ（表示通りに戻す）……大さじ2
- なくていい ▶ 青じそ……2枚
- 決め手 ▶ ポン酢しょうゆ……適量＋大さじ3
- 豆腐……1/2丁（約150g）
- 豆乳……大さじ3

（木綿、絹ごしはお好みで）

- なくていい ▶ すりごま……大さじ1

{ 作り方 } 大事です

1. わかめ、ちぎった青じそをポン酢しょうゆ適量で和える。（下味をつけよう）
2. 豆腐をくずして豆乳とポン酢しょうゆ大さじ3と混ぜ、器に盛る。（豆腐をくずすと味がしみる。ポン酢しょうゆでさわやかになります）
3. ❶の青じそ入りわかめをのせ、すりごまをふる。

火を使わない、栄養満点のサイドディッシュ！　深夜ごはんにも

8分

なめたけとポン酢は最高コンビ

豚ポン酢

なめたけが味の決め手

recipe № 052

豚ポン酢

{ 材料 } 2人分

豚切り落とし肉……120g
片栗粉……大さじ1（肉にまぶしておく）

食べごたえを残したまま食感がやわらかくなり、味もなじみやすくなる

決め手
なめたけ……大さじ2
ポン酢しょうゆ……大さじ1

なめたけは調味料として最高

なくていい
貝割れ大根……好きなだけ

{ 作り方 }

大事です

1 湯を沸かして火を止め、片栗粉をまぶした豚肉を入れて火を通し、ザルで軽く水気をきる。

沸騰した湯でゆでると片栗粉がはがれてしまうので、必ず火を止めて！

2 ボウルなどで豚肉、なめたけ、ポン酢しょうゆを和え、器に盛る。（貝割れ大根をのせる）

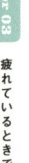

いつもの発酵食品を違った味で食べよう

10分

豚めかぶキムチ

ネバネバが豚とキムチの味をからめておいしくする

3分

トムヤム納豆

納豆にもトムヤムペーストが合います！

recipe № 053

豚めかぶキムチ

{ 材料 } 2人分

豚肉は厚めだとよりおいしい

豚切り落とし肉……120g

決め手 小麦粉……大さじ1

食べごたえを残したまま
食感がやわらかくなり、
味もなじみやすくなる

めかぶ……1パック

いつもは副菜のめかぶが
立派なおかずに！

キムチ……大さじ2

決め手 ごま油……小さじ1

{ 作り方 }

1. 豚肉に小麦粉をつける。

めかぶとキムチがよくからむように

2. フライパンにごま油を熱し、キムチを入れ、豚肉に火が通るまで炒める。

「キムチにはごま油」がおいしい

3. 火を止めてめかぶを混ぜる。

recipe № 054

トムヤム納豆

{ 材料 } 2人分

納豆……1パック

トムヤムクンペースト
……小さじ1

使えるので
1本持っておこう

ナンプラー……小さじ1/4

しょうゆでもOKだが、
よりエスニックな味わいに！

{ 作り方 }

1. 納豆にトムヤムクンペーストとナンプラーを加えてよく混ぜて完成！

これだけ！

20分

最初に全部鍋に入れてから待つだけ

厚揚げ大根

厚揚げがプルプル

recipe № 055

厚揚げ大根

{ 材料 }……………………………………2人分

厚揚げ……2枚分
（8等分の三角形に切る）

大根……1/3本（約400g）
（皮をむいて薄めの乱切りに。中までしみていなくても、大根に味がしみている気がする切り方）

小松菜……1株（3センチ幅に切る）

《煮汁》

水……270mℓ

白だし……30mℓ　決め手
（水270mℓと混ぜて煮物の濃さより少し薄めに。料亭風の上品な味に！）

しょうゆ……大さじ2

砂糖……大さじ1

{ 作り方 }……………………………………大事です

1. フライパンに材料をすべて入れて強火で沸かす。
（全部入れるから簡単！）

2. 中火にしてクツクツ15分程度、ときどき混ぜながら焦がさないように煮る。
（小松菜を彩りよく仕上げたい場合は、煮上がる少し前に加える）

5分

もやしナムル

大事なのは水をきること

recipe № 056

もやしナムル

{ 材料 } 2人分

- もやし……1パック
- 決め手 ごま油……少々
- おろしにんにく……小さじ¼
- 決め手 香味ペースト……小さじ½
- ラー油……1プッシュ

簡単に複雑な味に！ 香味ペーストがなければ、白だし少々でも

たくさんつくっておけば後々楽しめます

{ 作り方 }

1. もやしを洗い、耐熱容器に入れてラップをし、600Wの電子レンジで3分ほど加熱する。

もやしは鍋でゆでてもOK。食感が大事なのでゆですぎないで

2. もやしを一度ザルにとってさっと水気をきる。

このひと手間でもやしに味がつく

3. ❷にごま油、おろしにんにく、香味ペースト、ラー油を混ぜる。

recipe № 057

豚ナムル

{ 材料 } 2人分

- 豚しゃぶしゃぶ用薄切り肉……6枚
- もやしナムル（上記）……適量
- 青じそ……6枚 なくていい

{ 作り方 }

1. 耐熱皿に豚肉を並べてラップをし、600Wの電子レンジで30秒ほど加熱して火を通す。
2. 豚肉に青じそをのせ、もやしナムルを巻く。

キムチや韓国のりと一緒に巻いても！

豚ナムル

15分

オムレツは、具を一度取り出すこと

野菜たっぷりオムレツ

recipe № 058

野菜たっぷりオムレツ

{ 材料 } 直径18cmのフライパン1個分

- ズッキーニ……中1/2本
- なす……小1本

皮むきいらずの組み合わせです。でも野菜は好みのものでOK。じゃがいも、玉ねぎ、パプリカ、小松菜（アク抜き不要）もおすすめ！

- おろしにんにく……小さじ1/2
- 塩……ひとつまみ（3本指で）
- 決め手：トマトペースト……大さじ1／水…大さじ2
- 卵……3個
- 塩……ひとつまみ（3本指で）
- 粉チーズ……大さじ1
- こしょう……ふたふり
- EXVオリーブオイル……大さじ1
- 油……大さじ1

{ 作り方 }

1. ズッキーニとなすはヘタを取り、一口大に切る。
2. フライパンにオリーブオイルを引き、❶を炒める。途中でにんにくを加えて炒め、塩ひとつまみで味をつけ、トマトペーストと水を加える。

水を入れると、なすとズッキーニに早く火が通る

3. 卵を溶いて塩ひとつまみ、粉チーズ、こしょうで味をつけておく。それに、❷を加える。
4. フライパンに油を熱し、❸の卵液を流し入れ、大きく混ぜて半熟状になったら前後に揺すって平らにし、フタをして弱火で3分ほど焼いて火を通す。
5. そのままお皿にスライドさせる。

オープンオムレツタイプで見た目がよい！

15分

きのこオムレツ

きのこはだしが出るから、それだけでおいしい

recipe № 059

きのこオムレツ

{ 材料 } ……………… 2人分

決め手　まいたけ……1/2 パック

ほぐしておく

きのこならなんでもOK ですが、まいたけなら包丁いらず

おろしにんにく……小さじ 1/2
塩……ふたつまみ＋小さじ 1/8
ハム（千切り）……2 枚分
卵……3 個
こしょう……ひとふり
EXV オリーブオイル…小さじ 2 ＋大さじ 1

{ 作り方 } ……………… 大事です

1 フライパンにオリーブオイル小さじ2を引き、まいたけを炒める。おろしにんにくを加え、塩ふたつまみをふってハムを混ぜる。

直径18㎝のフライパンなど、小さめにするとオムレツの形がきれいになる

2 ボウルに卵を溶き、塩小さじ1/8、こしょうで味をつける。これに、❶を加える。

卵液にまいたけを混ぜて焼くと、できあがりの表面にまいたけが見えておいしそうに見える

3 フライパンにオリーブオイル大さじ1を引いてアツアツに熱し、❷の卵液をジュワーッと加えて、周りから中央に向かって大きく6回混ぜて火を止める。

ちょうどいい半熟になる

4 卵が半熟なうちに半分に折り、ゴムベラで形を整えたら完成！

5分

しらすと卵は最高の相性です

しらすオムレツ

recipe № 060

しらすオムレツ

{ 材料 } ……… 2人分

しらすの量は適当でOK

卵……2個
しらす……大さじ3
なくていい ▶ 青じそ（千切り）……2枚分
粉チーズ……小さじ2
決め手 ▶ EXVオリーブオイル……小さじ2

しらすのうまみを引き立てます

{ 作り方 } ……… 大事です

1. 卵を溶き、しらす、青じそ、粉チーズを加える。

残っているしらすをどさっと入れよう！

2. フライパンにオリーブオイルを引いてアツアツに熱し、❶の卵液をジュワーッと入れて周りから中央に向かって大きく6回混ぜて火を止める。

3. 卵が半熟なうちに半分に折り、ゴムベラで形を整える。

大根おろしやポン酢しょうゆをかけると、おつまみにもなります

Chapter 04

料理したくない日の料理

7分

炒め物だけど煮物に近い！

厚揚げと白菜のピリ辛みそ炒め

白菜のおいしさを満喫！

recipe № 061

厚揚げと白菜のピリ辛みそ炒め

{ 材料 } 2人分

横半分に切って6等分にする

厚揚げ……1枚
白菜……大2枚（約200g、2cmほどに切る）

カット済みでもOK！

油……小さじ1

なくていい

青ねぎ（輪切り）……適量

カットねぎでもOK！

《 ピリ辛みそダレ 》

決め手

- みそ……大さじ3
- みりん……大さじ3
- 片栗粉……小さじ1/2
- 鶏ガラスープの素……小さじ1
- 水……50mℓ
- ラー油……4ふり

麦みそにすると味が深いので、使うだけでおいしくなる

{ 作り方 } 大事です

1. ピリ辛みそダレの材料を混ぜる。
 最初に混ぜておくと早い
2. 厚揚げは横半分に切ってから6等分にする。
3. フライパンに油を熱し、白菜を中火でさっと炒める。
 油が回るくらいで、本当にさっと！
4. 厚揚げとピリ辛みそダレを加え、強火でとろみがつくまで煮詰める。
 片栗粉でとろみをつけると、野菜の水分を止め、しかも味をからめる
5. 青ねぎを散らす。

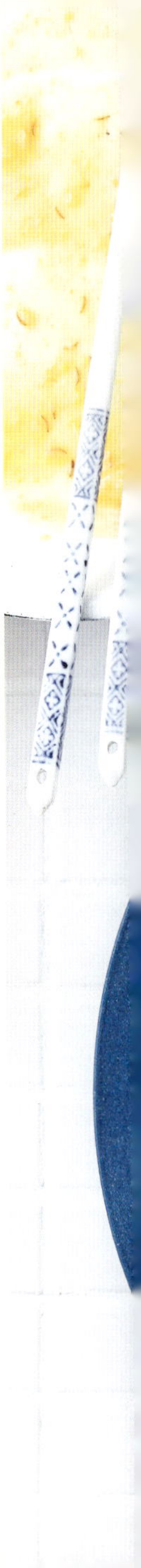

7分

麦みそにすると最高のおいしさ

なすと豚こまの青じそみそ炒め

白いご飯が超すすむ！

recipe № 062

なすと豚こまの青じそみそ炒め

{ 材料 } 2人分

豚こま切れ肉……100g
なす……2本
青じそ（バジルでも OK）
……5枚 なくていい

なくても成立するけど、
あればとてもおいしい！

《 みそダレ 》 （麦みそは甘いので おいしく感じる）

決め手
- みそ……大さじ3
- みりん……大さじ3
- 片栗粉……小さじ 1/2
- かつおだし……50mℓ
- 七味唐辛子……1ふり

油……小さじ1

{ 作り方 } 大事です

1. みそダレの材料を混ぜる。
2. なすはヘタを取り、縦6〜8等分に切る。
3. フライパンに油を熱し、豚肉を中火で炒める。肉の色が変わったら、なすを加える。
   （ここでなすに肉の脂を吸わせよう！）
4. なすがしんなりしたら、みそダレを加えてからませる。
5. 青じそを手でちぎって加え、さっと和える。
   （青じそは好きなだけ入れよう。バジルでもOKです）

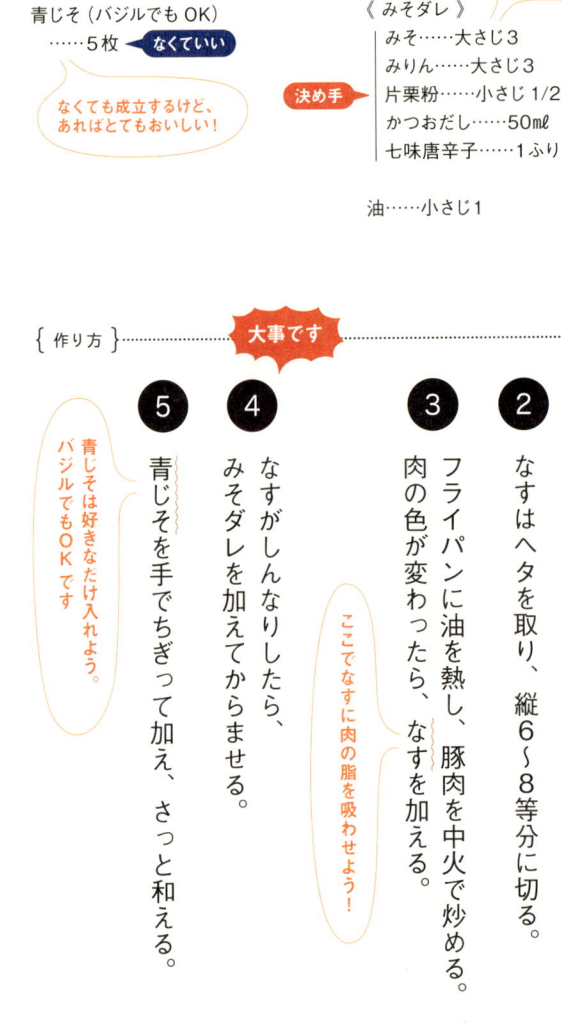

7分

先に下味をつけておくのが秘訣

なすと鶏肉のエスニック炒め

ワンパターンになりがちな鶏肉もエスニックで楽しもう

recipe № 063

なすと鶏肉のエスニック炒め

{ 材料 } …… 2人分

なす……2本

カット済みを買うとラク！

鶏もも肉……120g

ナンプラー……小さじ1

決め手 片栗粉……大さじ1

小麦粉でもOK。
ボリューム感が出ておいしい！

《エスニックダレ》
- 水……大さじ3
- スイートチリソース……大さじ1
- ナンプラー……小さじ1
- 片栗粉……小さじ1/2

油……大さじ1

なくていい

パクチー……1株

あったらおいしい

{ 作り方 } …… 大事です

1. エスニックダレの材料を混ぜておく。

   最初に混ぜておくと早い！

2. なすはヘタを取って乱切りにする。

3. 鶏肉にナンプラーをもみ込み、片栗粉をまぶす。

   パックの中でOK！

   粉の前に下味を入れておく

4. フライパンに油を熱し、鶏肉の両面を中火でシャーッと焼き、なすを加える。

5. なすが油を吸ってしんなりしたら、エスニックダレを加えて煮詰めながら、からませる。

6. 器に盛り、パクチーをちぎってのせる。

7分

メニューに困ったら野菜炒めに！
失敗知らずの牛肉野菜炒め

recipe № 064

牛肉野菜炒め

{ 材料 } ………… 2人分

牛切り落とし肉……100g
しょうゆ……小さじ1
酒……小さじ1
片栗粉……小さじ2

小麦粉でもOK。
ボリューム感が出ておいしい！

キャベツ（とあれば他の野菜）
……1/4 個（2cmほどに切る）

カット済みを
選んでもOK

決め手

《 野菜炒めのタレ 》
水……50㎖
片栗粉……小さじ1
鶏ガラスープの素……小さじ1
しょうゆ……小さじ1

ごま油……大さじ1

風味づけも
かねています

{ 作り方 } …………

大事です

1. 野菜炒めのタレの材料を混ぜておく。
2. 牛肉にしょうゆと酒をもみ込み、片栗粉をまぶす。

パックの中でOK！

下味をつけるときに酒の水分が
入ってやわらかくなる

3. フライパンにごま油を熱し、牛肉を中火で炒める。
4. 肉の色が変わったら、キャベツ（や他の野菜）を加えてさっと炒め合わせる。
5. 全体にごま油がまわったら、野菜炒めのタレを加えてからめる。

最後にタレを入れると
シャキシャキに！

7分

ごま油がおいしさのポイント

基本の豚肉野菜炒め

ソフトなお肉がすごくおいしい

recipe № 065

基本の豚肉野菜炒め

{ 材料 } …… 2人分

片栗粉をもみ込むと肉がソフトになる

豚切り落とし肉……100g

決め手
- 白だし……小さじ1
- ごま油……小さじ2
- 片栗粉……小さじ2

ストレートタイプがおすすめ

白だし……大さじ1
しょうゆ……小さじ1
こしょう……2ふり
油……大さじ1

ピーマン、キャベツなどの野菜……約200g
（カット野菜ひと袋くらいになるように）

決め手 もやし……100g

カット野菜でもOK。使うなら、ピーマンが入っているものがおすすめ！

{ 作り方 } …… 大事です

1. 豚肉に白だし小さじ1とごま油をもみ込み、片栗粉をまぶす。
   ごま油が味のポイント
   パックの中でOK！
2. フライパンに油を熱し、❶の豚肉をジューッと中火で炒める。
3. 豚肉の色が変わったら、野菜ともやしを加えて炒める。
4. 全体に油がまわったら、白だし大さじ1としょうゆとこしょうで味を調える。
   味を見てしょうゆで調整しよう！

7分

鶏のトムヤム炒め

鶏肉を薄切りにすることでしっとりする

ニラで味が複雑に！

recipe № 066

鶏のトムヤム炒め

{ 材料 } ……… 2人分

鶏胸肉……1/2 枚
ナンプラー……小さじ1

ニラやもやしなどの野菜……約 200g（カット野菜ひと袋くらいになるように）

カット野菜でも OK

《 トムヤムダレ 》
水……50㎖
トムヤムペースト……大さじ1

常備しておくと便利

ナンプラー……小さじ1
片栗粉……小さじ1

なくていい ▶ パクチー……1株　あったらおいしい
油……小さじ2

{ 作り方 } ……… 大事です

1. パクチーは茎と葉に分けておく。
2. 鶏肉は薄切りにし、ナンプラーをもみ込む。（火の通りが早くなる）
3. フライパンに油を熱し、鶏肉を中火で表面だけさっと炒めて取り出す。（取り出すとかたくならない）
4. 同じフライパンで野菜を炒める。少ししんなりしたらトムヤムダレを加えて混ぜ、❸の鶏肉、パクチーの茎を加えて煮詰めながら味をからめる。
5. 器に盛り、パクチーの葉をのせる。

40分

かにかまがぜいたくで嬉しい

トムヤムピラフ

タイの味つけで食が進みます

recipe № 067

トムヤムピラフ

{ 材料 } …… 3人分

米……2合

鶏ガラスープの素……小さじ1
塩……小さじ 2/3

塩加減は米1合に対して、塩小さじ1/3がちょうどいい

決め手 かに風味かまぼこ……6本

食感をつくり、だしも出る

しめじ……1パック
トムヤムペースト…… 大さじ1
EXV オリーブオイル……小さじ1

なくていい
青ねぎ（輪切り）……大さじ2

硬水……400㎖

水はエビアンなどの硬水を使う。米がベタつかずにパラリと炊き上がる

{ 作り方 }

1. 米を洗う。

余裕がある人は水に1時間浸けておくとおいしく炊ける

2. 炊飯器の内釜に青ねぎ以外をすべて入れ、硬水を2合の目盛りの線の下まで入れて炊飯する。

フライパンで作るなら、水を400㎖入れて沸騰したら弱火で12分

3. 炊き上がったらよく混ぜ、青ねぎを散らす。

COLUMN

03

結構それっぽい
エリンギ松茸

{ 材料 } …… 作りやすい分量

1cmくらいの厚切りで食感を楽しむ

エリンギ……2本
松茸のお吸い物の素……小さじ1
油……小さじ2
なくていい　しょうゆ……小さじ1〜2

{ 作り方 }

1. フライパンに油を熱し、エリンギを焼く。

2. お吸い物の素を振りかける。
好みでしょうゆをかける。

疲れている日は
スープだけ

Chapter 05

15分

これにごはんだけで、立派な晩ごはん

けんちん汁

動物性のタンパク質は使っていません！

recipe № 068

けんちん汁

{ 材料 } …… 4人分

木綿豆腐……1パック(280g)

大根、こんにゃく、にんじんなどの野菜……200g
(カット野菜ひと袋くらいになるように)

カット野菜にするなら豚汁用を

かつおだし……800mℓ

しょうゆ……大さじ2

塩……ふたつまみ

しょうゆで味がついていたら、なしでも

チューブしょうが……小さじ1

なくていい ▶ 青ねぎ(輪切り)……少々

決め手 ▶ ごま油……小さじ2

{ 作り方 }

1 鍋にごま油を熱し、野菜と手でつぶした豆腐をさっと炒める。

野菜と豆腐にごま油のうまみを移そう

2 だし汁を❶に加えて沸かし、10分くらい煮て野菜に火を通す。

3 しょうゆ、塩、しょうがで味を調え、青ねぎを散らす。

飽きたらルウを加えて和風カレーにも！カレー粉でつくれば、さらりとした野菜カレーになります

15分

みそ三平汁

みそを少し入れるとコクがアップする

魚のうまみが楽しめる

recipe № 069

みそ三平汁

{ 材料 } …… 4人分

塩鮭（切り身）……2切れ

水……600mℓ
乾燥わかめ……大さじ1

大根、にんじん、じゃがいもなどの野菜
……200g（カット野菜ひと袋くらいになるように）
決め手 しょうが（薄切り）……1枚
酒……大さじ2
なくていい 長ねぎ（刻む）……大さじ2
みそ……大さじ2程度

カット野菜でもOK（筑前煮用）

{ 作り方 }

1 鍋に水、わかめを入れて沸かす。

わかめはもどさず、そのまま入れてOK

2 鮭を3等分に切っておく。

3 ❶に野菜としょうがを加えて3分くらい煮る。

4 3等分にした鮭、酒、長ねぎを加えて一煮立ちさせ火を止めて、みそを溶く。

みそは沸かしてしまうと香りがとぶので火を止めてから入れる

三平汁は骨から出るだし＋塩でつくられるが、切り身には骨がないので、みそを少し加えてコクをアップ！

10分

スパムが余ったら、
迷わずおみそ汁

沖縄風具だくさんみそ汁

recipe № 070

沖縄風具だくさんみそ汁《じる》

{ 材料 } ……………………………… 2人分

かつおだし……800mℓ

なくていい

5分のゆで卵（P32）……2個

もやし……1袋

なくていい

キャベツ（レタス）……2枚

（カット野菜でもOK

……1パック（約200g））

みそ……小さじ3強

スパム……適量

（大きめに切っておく）

木綿豆腐……100g

（食べやすい大きさに切っておく）

{ 作り方 } ………………………………

1 鍋にかつおだしを入れて沸かし、野菜、スパム、豆腐を加える。

かつおとスパムのダブルスープだから間違いなくおいしいだしに！

2 5分煮て火を止め、みそを溶く。

3 器に盛り、ゆで卵を入れる。

COLUMN

04

本場の味がする
イカスミのパエリア

さわけんおすすめ！

無印良品じゃなくても
いいけれど、
濃くておいしいです

{ 材料 }

作りやすい
分量

イカスミパスタソース……1 袋（2 パック）
米……2 合（洗って水に 1 時間ほど浸け、水気をきる）
硬水（エビアンなど）……400mℓ
塩 ……ひとつまみ
イカ……150g（1 口大にカットする）
レモン ……1/2 個

ゆでイカでも
OK

なくていい（イカ、レモン）

硬水を使うと、
米がパラッと
炊き上がる

{ 作り方 }

1. フライパンにイカスミパスタソース、硬水、塩を入れて沸騰させる。
2. 米を生のまま加え、フライパンを揺すって平らにする。
3. イカをのせてふたをし、
再沸騰させて一番の弱火でコトコト 13 分炊く。
4. ふたを開けて残りの水分をとばす。
パチパチという音が聞こえてきたら火を止める。
5. ふたをして 5 分おいて蒸らし、レモンを添える。

Chapter 06

缶詰はごちそうになる

5分

缶詰を使うと、調味料一切なしでつくれます

蒲焼き缶の卵とじ

疲れているときはこのくらいが精一杯。丼にしてもいい！

recipe № 071

蒲焼き缶の卵とじ

{ 材料 } 2人分

蒲焼き缶詰（さんま）……1缶

缶詰の汁大さじ2も使います！

水……大さじ3
しめじ……1/2パック
溶き卵……1個分
青ねぎ（輪切り）……大さじ1
粉ざんしょう……適量

なくていい

さわやかな辛みを足します

{ 作り方 }

1 小さめのフライパンに缶詰の汁大さじ2と水、しめじを入れて沸騰させる。

調味料いらず！

2 しめじに火が通ったらさんまを加える。

3 しっかり沸騰させて溶き卵を加え、半熟状になったら火を止めて青ねぎと粉ざんしょうをふる。

早く卵がかたまることで、缶詰の汁が残っておいしくなる

5分

なめたけを入れて煮るだけでこんなにおいしい
イワシ缶アヒージョ

なめたけ大事なのに、入っている感じがしません

recipe № 072

イワシ缶アヒージョ

{ 材料 } …………………… 2 人分

オイルサーディン缶……1 缶

オイルサーディンを選ぶときは、
四角いタイプを選ぶと◎。
楕円形のものよりも、
きれいで小さいイワシが
入っていることが多い。
また、小さい方が切らなくて済む

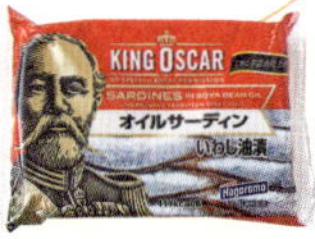

なめたけ……大さじ 2
七味唐辛子……好きなだけ
EXV オリーブオイル
……大さじ 2 ～ 3

なめたけは辛みと甘みを持つ
最高の調味料。
魚介もおいしくします。

{ 作り方 } ……………………

1. 小鍋にオイルサーディンを汁ごと移し、なめたけを加える。
2. 七味唐辛子をふってひたひたまでオリーブオイルを入れ、沸騰させる。

一緒にオリーブを入れてもおいしい

かつお節がキモ！ たっぷり使いましょう

ゴーヤチャンプルー

10分

recipe № 073

ゴーヤチャンプルー

{ 材料 } …… 2人分

（厚さ1cmに切っておく）

木綿豆腐……100g
ゴーヤー……1/2本

（ゴーヤーは縦半分に切ってスプーンで種の部分をこそげ取り、3mm程度の薄切りにする）

スパム（低塩分）……2枚（5mm角の棒状に切る）
しょうゆ……大さじ1/2＋1/2
溶き卵……1個
もやし……1/2パック

塩……ふたつまみ
こしょう……3ふり
青ねぎ（輪切り）……1本

（なくていい）
かつお節（粉末状）……小さじ2
かつお節（飾り用）……3つまみ
（普通のかつおぶしでもOK！）

油……小さじ2
ごま油……小さじ2

{ 作り方 }

1. フライパンに油を引いて豆腐を入れ、中火で色づくように焼き、しょうゆ大さじ½をたらして皿などに取り出す。

（豆腐は水分が多いので、先に豆腐だけに味つけしておこう）

2. 同じフライパンにごま油を熱し、ゴーヤーとスパムを中火で炒める。溶き卵を加えて大きく3回混ぜたら、もやしを加えて炒め、しょうゆ大さじ½、塩、こしょうを加える。

（ここでもう一度味つけをすると、さらに味が決まりやすい）

3. ❶の豆腐と青ねぎ、粉末状のかつお節を加えて炒め合わせる。器に盛り、飾り用のかつお節をのせる。

15分

スパムおにぎり

スパム缶を使うと、本場のおにぎりが完成！

recipe № 074

スパムおにぎり

{ 材料 } 2人分

スパム（スライス）……4枚

《照り焼きのタレ》（混ぜておく）
- 砂糖……小さじ2
- しょうゆ……小さじ2
- 水……大さじ1

ご飯……小茶わん2杯

塩……ふたつまみ（3本指で）

焼きのり（帯状に切る）……4枚

{ 作り方 }

1. スパムは取り出し、8㎜の厚さにスライスする。フライパンで軽く焼き、照り焼きのタレを加えてからめる。
2. ご飯に塩をふってラップに広げてスパム型を使って握る。

あったかいご飯をラップで包んで、ぎゅうぎゅうと缶に詰めるだけ！

3. ❶のスパムをのせて焼きのりで巻く。

ボリューム満点！

おいしくて栄養満点

7分

それっぽいおしゃれおつまみが火を使わずにできる

サバ缶トマト

recipe № 075

サバ缶トマト

さわけんおすすめ！

DHAやEPAなど、
体がよろこぶ
脂がたっぷり！

｛材料｝…………2人分

サバ缶（水煮）……1缶（約190g）
トマト……1個
青じそ……2枚
チーズ……1枚

｛作り方｝

1. トマトはヘタを取ってくし切りに8等分する。
2. 耐熱皿に汁をきったサバ缶とトマトを並べてラップをし、600Wの電子レンジで2〜3分加熱する。
3. 青じそをちぎってふり、チーズをのせてさらに30秒加熱する。

チーズが溶けたら完成！

3分

サバ缶のり七味

サバ缶にのりをかけるだけでこんなにおいしくなるとは

recipe № 076

サバ缶のり七味

{ 材料 } ……………… 2人分

サバ缶（しょうゆ味）……1缶（約190g）

水煮缶でも OK！ その場合はポン酢しょうゆをかけましょう

味つけのり……2パック

七味唐辛子……好きなだけ

さわやかな辛みを足します

{ 作り方 }

1. サバ缶を開けて皿に盛りつけ、七味唐辛子をふり、のりをちぎってのせる。

のりは多めにどっさりと！

のせるだけです

COLUMN

05

おいしさの秘密は、小麦粉

ちくわ天

{ 材料 }…………………………2本分

《衣》

- 小麦粉……大さじ4
- 片栗粉……小さじ1/2
- 青のり……小さじ2
- 水……大さじ4

ちくわ……2本

油……多め

小麦粉と片栗粉と両方入れるとカリッとする。小麦粉だけでもOK

{ 作り方 }

1. 粉類と青のりを混ぜ、水で溶いて衣をつくる。
2. ちくわを①の衣に通して、多めの油で揚げ焼きにする。

Chapter 07

さぼってるのに豪華ランチ&朝ごはん

10分

ひやむぎには、梅こぶ茶をからめておく

トッピング梅こぶひやむぎ

そうめんやうどんでも

recipe № 077

トッピング梅こぶひやむぎ

{ 材料 } …… 1人分

ひやむぎ……1束　（そうめんやうどんでもOK）

ひやむぎは食べごたえがあって味がからみやすい！
そうめん、うどんももちろんOK

こんぶ茶（梅）……小さじ1くらい

こんぶ茶は
うまみ成分、
グルタミン酸の
宝庫！

トッピング
（納豆、しらす干し、青ねぎなどなんでも）

{ 作り方 }

1. ひやむぎは表示通りにゆで、氷水で冷やす。

2. ❶の水を適当にきりこんぶ茶を和え、器に盛る。

こんぶ茶の量はひやむぎの塩加減で違うので味見しながら和える

3. 好みでトッピングする。

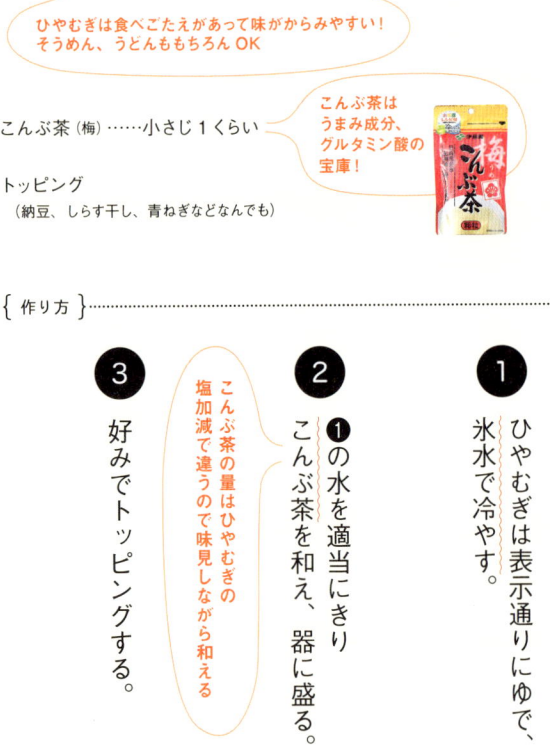

15分

豆乳ポン酢ひやむぎ

そのときある薬味をなんでものせよう

豆乳にはポン酢

recipe № 078

白だし豆乳ポン酢しょうゆひやむぎ

{ 材料 } ………… 1人分

ひやむぎ……1束
白だし（原液で）
……小さじ1
ポン酢しょうゆ
……大さじ1と1/2
豆乳……大さじ3
トッピング
（もどした乾燥わかめ、青じそなど）

{ 作り方 }

1. ひやむぎは表示通りにゆで、氷水で冷やして水気をきる。

水きりは軽くでOK

2. 白だし、ポン酢しょうゆ、豆乳で和え、器に盛る。

3. 好みでトッピングする。

15分

recipe № 079

タイカレー風ひやむぎ

タイカレー風ひやむぎ

グリーンカレーペーストで和えるだけ

{ 材料 } 1人分

ひやむぎ……1束
グリーンカレーペースト
……小さじ1/2

何かと使える
グリーン
カレーペースト

ナンプラー……小さじ1/4
豆乳……大さじ1
酢……小さじ1
トッピング（パクチーなど）

{ 作り方 }

1. ひやむぎは表示通りにゆでてそのままザルにあげ、ボウルに移す。
2. グリーンカレーペースト、ナンプラー、豆乳、酢で和え、器に盛る。
3. 好みでトッピングする。

15分

ひやむぎと一緒にまいたけと豚こまもゆでよう

まいたけ豚こまひやむぎ

recipe № 050

まいたけ豚こまひやむぎ

{ 材料 } …… 1人分

ひやむぎ……1束
白だし……小さじ1～2
まいたけ……1/2パック（別のきのこでもOK）
豚こま切れ肉……30g
ポン酢しょうゆ……適量
青ねぎ（輪切り）……適量 ← なくていい

{ 作り方 }

1. ひやむぎは表示通りにゆでる。そのとき、まいたけと豚肉も同じ鍋で一緒にゆでる。
　時間短縮な上にだしも出る
2. まいたけ、豚肉は皿などに取りおき、ひやむぎは氷水で冷やして水気をきる。
　水きりは軽くでOK
3. ひやむぎと白だしをあえ、器に盛る。
4. まいたけと豚肉をポン酢しょうゆで和え、ひやむぎの上にのせ、青ねぎをちらす。

一緒にゆでるとダシがしみこんでおいしい

10分

本当にめんどうなときは
冷やし釜玉ひやむぎ

卵さえあれば完成

recipe № 051

冷やし釜玉ひやむぎ

{ 材料 } …… 1人分

ひやむぎ……1束
白だし……小さじ1〜2
卵黄……1個
（なくていい）揚げ玉……大さじ1
青ねぎ（輪切り）……小さじ1

{ 作り方 }

1. ひやむぎは表示通りにゆで、氷水で冷やして水気をきる。
   水きりは軽くでOK
2. 白だしで和え、器に盛る。
   白だしの量はひやむぎの塩加減で違うので味見をしながらかける
3. 卵黄、揚げ玉、青ねぎをのせる。

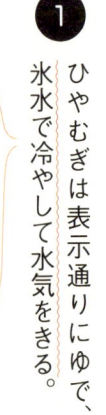

15分

みそをあぶるとお店の味

サバみそ缶で冷汁うどん

recipe № 082

サバみそ缶で冷汁うどん

{ 材料 } …… 1人分

細うどん……1束
白だし……約小さじ2
サバ缶（みそ味）……1缶
きゅうりの浅漬け……1/2本（薄切りにしておく）
みそ……小さじ1
（スプーンに塗ってガスコンロの火で軽くあぶる）（香ばしさがプラスされてお店の味になる）
青じそ……お好みで（細切りにする）

{ 作り方 }

1. サバみそ缶を開け、きゅうりと焼いたみそを混ぜておく。
2. うどんを表示通りにゆで、氷水で冷やして水気を軽くきる。
3. うどんを白だしで和え、器に盛り、❶をのせ、青じそをトッピング。

白だしの量はうどんの塩加減で違うので味見をしながら入れる

recipe № 083

20分 カレーうどん

{ 材料 } 2人分

うどん……2玉
だし……400ml
（白だしを使用。表示通りに水と混ぜる）
かつお節……1パック
カレールウ（辛口）……少々 なくていい
カレー粉……大さじ1/2～お好みで
片栗粉……大さじ1
水……大さじ2
長ねぎ（刻む）……大さじ1

だしにプラスしてかつお節を入れる カレーうどん

{ 作り方 }

1. 鍋にだしを沸かし、火を止めてかつお節、ルウ（があれば）を加えて溶かす。
   ルウを少量加えると味が深まる
2. ルウが溶けたら再び沸騰させる。
3. カレー粉と片栗粉を混ぜ、水大さじ2で溶いて❷の鍋に加えてとろみをつける。
   片栗粉でとろみをつけると、そば屋さんのおいしいカレーうどんに！
4. うどんを表示通りにゆで、器に盛り、❸をかけて長ねぎを盛る。
   天ぷらなどを加えると豪華！ちくわ天のつくり方はP150

そば屋並みのおいしさ

卵かけごはんの卵はＭサイズ

3分

recipe № 054

基本のＴＫＧ《たまごかけごはん》

{ 材料 } ……………………………… 1人分

ごはん……1膳（170g）
卵（M）……1個
しょうゆ……お好みで

Ｍサイズを選ぶと、白身に対して黄身が多い

おすすめトッピング
かつお節

かつお節を入れると深みが出る

おいしいタンパク質コンビで、もはや主役

おすすめトッピング
納豆＋青ねぎ

キッチンにあるもので いつものTKGの味が変わる

おすすめトッピング
韓国のり
韓国のりはTKGのために少し残しておきたい

おすすめトッピング
しらす＋青じそ
青じそ入れたら最高です

おすすめトッピング
あげ玉＋青ねぎ
あげ玉は冷蔵庫に入れておくと、何かとおいしさを足してくれるので便利です

おすすめトッピング

バター＋黒こしょう＋しょうゆ

大人の味です

おすすめトッピング

バター＋お茶漬けの素

まさかお茶漬けの素をかけるとは

おすすめトッピング

バター＋のり＋しょうゆ

のりさえかけておけば間違いない

おすすめトッピング

バター＋トリュフオイル＋しょうゆ

トリュフオイルは他にもこう使おう！

・オムレツ
・茶わん蒸し
・リゾット

トリュフオイルが1本あるだけで贅沢な気持ち

7分

あまりがちな塩辛はパンと食べてみよう

塩辛チーズトースト

チーズに塩辛でうまみ倍増

recipe № 055

塩辛チーズトースト

{ 材料 } …… 1 人分

食パン（6 枚切り）……1 枚
厚切りがおすすめ

決め手 マヨネーズ……小さじ 1
マヨネーズはイカに合う

青じそ……2 枚

塩辛……大さじ 1
ご飯だけでなく、パンにも合う！

なくていい 七味唐辛子……お好みで
辛いのが好きな方に

スライスチーズ……2 枚

{ 作り方 }

1. 食パンにマヨネーズを塗り、青じそ、塩辛、チーズを順にのせる。
具をのせてチーズでカバーする感じ

2. トースターでこんがりと焼く。
塩辛の代わりにしめサバでもおいしい！

3. お好みで七味唐辛子をふる。

10分

ホットサンドは包丁の背でつくる

納豆キムチピザトースト

納豆とキムチとチーズの
発酵3兄弟は相性抜群すぎる

チェダーチーズがいちばんうまみが濃い

recipe № 056

納豆キムチピザトースト

{ 材料 } 2人分

食パン（小）……2枚
納豆……1パック
キムチ……大さじ2
スライスチーズ……2枚

{ 作り方 }

1 納豆とキムチを混ぜる。

2 ❶を食パンにのせ、チーズをのせる。

3 トースターで3～4分こんがりと焼く。

オーブンの場合は220℃で5分焼く

recipe № 057

ツナチェダーホットサンド

{ 材料 } 2人分

食パン（8枚切り）……4枚
ツナ……1/2缶（35g）

シーチキンL小缶が味がよくておすすめ。パック入りのものもある

スライスチーズ（チェダーチーズ）……2枚

チェダーチーズがチーズの中でうまみがいちばん強い

イタリアンパセリ……（あれば）4枚

{ 作り方 }

1 パン1枚にツナ、チーズ、パセリ（あれば）をのせ、もう1枚のパンではさむ。

2 包丁の背や菜ばしを横にして、四隅をぎゅっと押さえ、トースターで3～4分こんがりと焼く。

オーブンの場合は220℃で5分焼く

ツナチェダーホットサンド

15分

イタリアのプロのお店と同じつくり方です

ビスマルク風ピザトースト

イタリア料理で「ビスマルク風」とは
卵がのっていること

recipe № 055

ビスマルク風ピザトースト

{ 材料 } …… 1人分

- 厚切りパン……1枚
- トマト水煮缶……大さじ2（余りは冷凍しておくと何かと使える）
- EXV オリーブオイル……小さじ1
- 塩……ひとつまみ（3本指で）
- 決め手 乾燥オレガノ……ひとつまみ（これが「ピザ」の味にする）
- スライスハム……2枚
- 粉チーズ……4ふり
- 5分のゆで卵（P32）……1個
- スライスチーズ……1〜2枚

{ 作り方 }

1. トマト水煮缶にオリーブオイルと塩、オレガノを混ぜる。（簡単ピザソースのでき上がり。乾燥オレガノが本場感を出す）
2. パンに❶を塗り、ハムをのせて粉チーズをふる。
3. 5分ゆでた半熟の卵を中央におき、スライスチーズをかぶせる。
4. トースターで5分焼く。

乾燥オレガノは他にもこう使おう！

・シュリンプソテー
・鶏肉のソテー

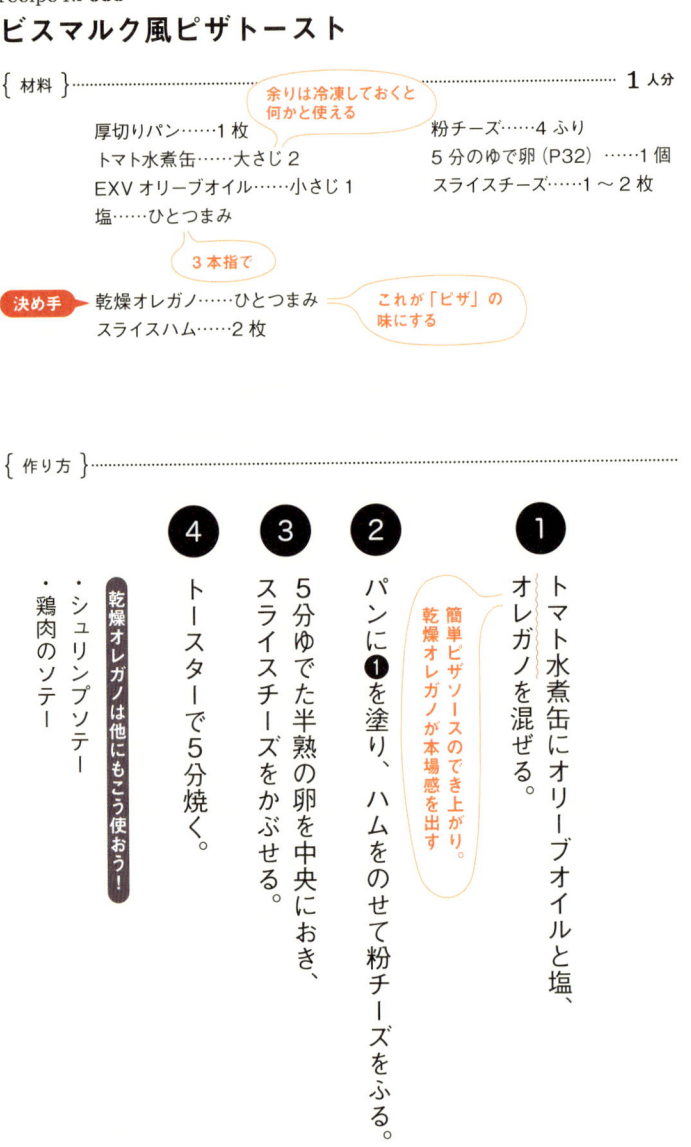

7分

バインミー

あまった材料を何でもはさむことからはじまった

鶏つくねのバインミー
晩ごはんの残りをサンドイッチに
ハムのバインミー
ハムさえあれば完成!

recipe № 089

鶏つくねのバインミー

{ 材料 } ……… 2 人分

フランスパンよりもやわらかいパンを選ぼう

ソフトフランスパン……2 本

スーパーに売っています

つくね……4 個
（市販のもの。焼き鳥や、あまった肉のおかずでも何でも OK！）

青じそ……6 枚

バジルやパクチーでも。いくつか使うとより本格的になる

七味唐辛子……4 ふり

《なます》

このままおつまみにもなるよ

大根の千切り……1/8 本分
（市販の大根サラダでも OK）
酢……大さじ 1
しょうゆ……小さじ 1
水……大さじ 1
砂糖……大さじ 1/2

{ 作り方 }

1. なますの材料を混ぜる。
2. ソフトフランスパンでつくね（や何か肉類）、なます、青じそ、七味唐辛子をサンドする。

recipe № 090

ハムのバインミー

{ 材料 } ……… 2 人分

フランスパンよりもやわらかいパンを選ぼう

ソフトフランスパン……2 本

スーパーに売っています

大きくて丸いソーセージ

ボロニアソーセージ（薄切り）……6 枚

ロースハムや生ハムでも！

鶏レバー缶（味つき）……1 缶

青じそ……6 枚
七味唐辛子……4 ふり

バジルやパクチーでも。いくつか使うとより本格的になる

《なます》

このままおつまみにもなるよ

大根の千切り……1/8 本分
（市販の大根サラダでも OK）
酢……大さじ 1
しょうゆ……小さじ 1
水……大さじ 1
砂糖……大さじ 1/2

{ 作り方 }

1. なますの材料を混ぜる。
2. ソフトフランスパンでソーセージ、鶏レバー、なます、青じそ、七味唐辛子をサンドする。

5分

チーズにこだわると、本場フランスにも負けません

カスクルート

recipe № 091

カスクルート

{ 材料 } ………… 1人分

バゲット……2/3本
バター……1かけ（10g）

生ハムでも美味！

ロースハム……6枚
プロセスチーズ
……3個

「十勝スマートチーズ
かおり濃香パルメザンブレンド」が
安くてコスパも
よくておすすめ

{ 作り方 } …………

1. バゲットにバターを塗る。
2. ロースハムとチーズを挟んで完成！

チーズが決め手。
本場では、コンテや
エメンタールをはさむ

はさむだけなのに、幸せ満点

Chapter 08

おさしみ最強

7分

全部おさしみを混ぜるだけ

しめサバとチーズと青じそ

さわやかなうまみ

しらすと塩辛ののり巻き

しらすと塩辛の使い方は無限大

つくりかたは p176 へ

かつおキムチ

かつおのたたきに飽きてきたら、韓国風に食べてみよう

アジのなめろう風

めんどうくさいアジのなめろうもチューブしょうがで一瞬です

つくりかたは p177 へ

recipe № 092

しめサバとチーズと青じそ

{ 作り方 }

1. 青じそ、チーズ、しめサバを順に重ねる。

おかずにも、おつまみにも！

パンで挟んでもおいしい

{ 材料 } 作りやすい分量

しめサバ……10枚
スライスチーズ……3枚

それぞれ1/4等分にカットする

青じそ……10枚

recipe № 093

しらすと塩辛ののり巻き

{ 作り方 }

1. しらす干し、塩辛、わさびを混ぜる。

2. 焼きのり、かいわれ大根を添える。

食べるときにのりで巻くとパリパリが楽しめます

{ 材料 } 作りやすい分量

しらす干し……大さじ4
決め手 塩辛……大さじ2

さわけんおすすめ！

刻みわさびなら食感がいい！

わさび……小さじ1

焼きのり……8枚
なくていい かいわれ大根……お好みで

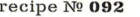

recipe № 094

かつおキムチ

{ 作り方 }

1 かつおを切り、キムチと切りごまを混ぜる。

2 器に盛り、韓国のりをもんでかける。

{ 材料 } 作りやすい分量

かつおのたたき
……1 パック（180g ほど）
決め手 キムチ……大さじ 3 ～4
切りごま……小さじ 1
韓国のり……4 枚

recipe № 095

アジのなめろう風

{ 作り方 }

1 アジにみそ、しょうがを混ぜる。

2 青じそは食べやすくハサミで切り、長ねぎと一緒に混ぜる。

だし汁でお茶漬けにしても美味

{ 材料 } 作りやすい分量

アジのさしみ
……1 パック（100g ほど）
みそ……大さじ 1

麦みそを使うととてもおいしい

決め手 チューブしょうが……小さじ 1/4
青じそ……4 枚
決め手 白ねぎ（刻む）……大さじ 1

薬味セットを使用しても OK。みょうががあればなおおいしい

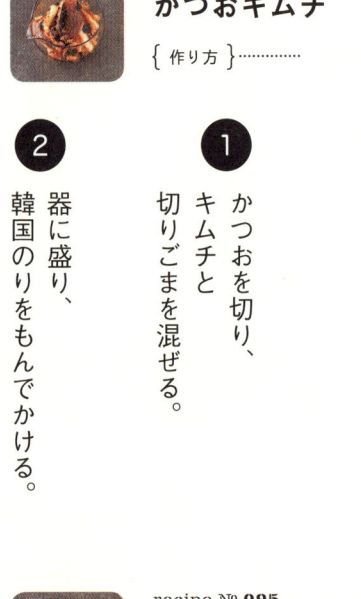

5分

タイ風たこマリネ

タイ風ドレッシングはマスターすると便利です

干し桜エビは常備しておくと何かと使えます

recipe № 096

タイ風たこマリネ

{ 材料 } 作りやすい分量

ゆでだこ（ぶつ切り）……1パック（150g）

魚介も野菜も、これをかければ、
おいしいタイ風に！

なくていい

パクチー……1株（ざく切り）

《タイ風ドレッシング》

ナンプラー……小さじ2
酢……小さじ1
チューブにんにく……3ミリほど
EXVオリーブオイル……小さじ1
決め手 干し桜エビ……小さじ1

{ 作り方 }

1 ドレッシングの材料を混ぜる。

2 たこと和え、パクチーを混ぜる。

混ぜた直後に食べられます！

7分

サーモンを先にもんでおくとおいしくなる

ロミロミサーモン

きゅうりのしゃきしゃきがおいしい

recipe № 097

ロミロミサーモン

{ 材料 } 作りやすい分量

サーモン（さしみ用）
……1パック（180gほど）
塩……3つまみ
プチトマト……8個
（ヘタを取って半分に切る）
きゅうり……1/2本
（1㎝角に切っておく）
青ねぎ（輪切り）……大さじ1
ポン酢しょうゆ……小さじ1
決め手 EXVオリーブオイル……大さじ1

{ 作り方 }

1. サーモンに塩をふってもむ。

ロミロミ（ハワイで「もむ」の意味）して先に味つけをしておく

2. 残りの材料と混ぜる。

混ぜたあとすぐ食べられます！

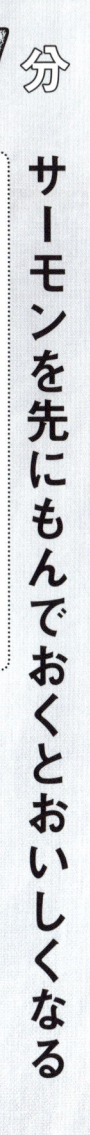

5分

かつおめかぶ

めかぶのねばねばが味をからませる

recipe № 09S

かつおめかぶ

{ 材料 } …… 他のおさしみでも OK …… 作りやすい分量

かつお（さしみ用）……1 パック（180g ほど）
めかぶ……2 パック（1 パック約 40 ～ 50g） 細切りにする
薬味（しょうが、ねぎ、みょうが）……合わせて大さじ 4 ～ 6
ポン酢しょうゆ……大さじ 2

{ 作り方 }

1. めかぶ、薬味、ポン酢しょうゆを混ぜる。
2. 器に盛りつけたかつおにかける。

写真のように盛りつけるとおしゃれ

7分 にんにくマヨネーズソースでおしゃれ カルパッチョ

recipe № **099**

カルパッチョ

{ 材料 } 作りやすい分量

他のおさしみでも OK

アジ（さしみ用）……1 パック（100g ほど）
塩……ひとつまみ（小さじ 1/5）

3 本指で

青じそ……1 枚

《にんにくマヨネーズ》（混ぜておく）
マヨネーズ……大さじ 1
チューブにんにく……小さじ 1/4

《レモンソース》（混ぜておく）
レモン汁……小さじ 1
EXV オリーブオイル……小さじ 1
塩……ふたつまみ

決め手

パルメザンチーズ……4 ふり
黒こしょう……ふたふり

{ 作り方 }

1. アジに塩をふる。
2. 皿ににんにくマヨネーズで好きなように線を描く。

写真を参考に！

3. 上からアジを並べてレモンソースをかける。
4. パルメザンチーズと黒こしょうをふり、青じそをちぎって散らす。

ちょっとしたおもてなしにもいい

5分

おさしみザーサイ

ゆずこしょうが味の要

ザーサイの食感が最高

recipe № 100

おさしみザーサイ

{ 材料 } 何でもOK …… 作りやすい分量

イナダなど好みのさしみ
……6枚くらい
味つけザーサイ……大さじ1
しょうゆ……小さじ2
ゆずこしょう……3ミリほど

決め手
《ねぎ油》
長ねぎ（輪切り）……大さじ2
ごま油……大さじ1

長ねぎ（刻む）……お好みで

{ 作り方 }

1 耐熱容器にねぎ油の材料を入れ、600Wの電子レンジに30秒ほどかけてねぎ油をつくる。

2 さしみ、ザーサイ、しょうゆ、ゆずこしょう、ねぎ油を混ぜる。

3 器に盛り、長ねぎをかける。

レンチンした豚肉やかまぼこでもおいしい

Chapter 09

家でおいしい鍋

好きなスープと具材を組み合わせて、いろんな鍋を楽しもう

どのスープと具材を組み合わせるかは自由です

ピリ辛スープ

{ 材料 }……作りやすい分量

水……600mℓ
鶏ガラスープの素……大さじ 1 と 1/2
チューブにんにく……小さじ 1/2
コチュジャン
……大さじ 1 ～ 2
ラー油……4 プッシュ
（コチュジャン・ラー油：決め手）
ごま油……小さじ 1
すりごま……大さじ 1
塩……小さじ 1/3

水炊きスープ

{ 材料 }……作りやすい分量

水……700mℓ
昆布……3cm
鶏の手羽元……3 本 （決め手）
鶏ガラスープの素……大さじ 2
塩……小さじ 1/3

ごま豆乳スープ

{ 材料 }……作りやすい分量

水……300mℓ
だし昆布……3cm
（水・だし昆布：昆布だし 200mℓでもいい）
鶏ガラスープの素……大さじ 2
練りごま（白）……大さじ 3
ごま油……小さじ 2 （決め手）
豆乳……300mℓ
塩……小さじ 1/3
すりごま……大さじ 1

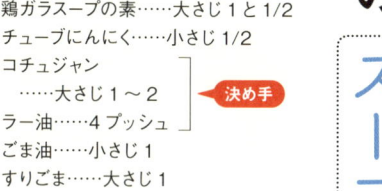

{ 具材 }

recipe № 101

豚肉系セット

豚肉、もやし、ニラ、豆腐

決め手　味を出します

{ 作り方 }……{ ピリ辛スープ }

1. すべての材料を一煮立ちさせる。

{ 具材 }

recipe № 102

鶏肉系セット

鶏肉、白菜、しいたけ、長ねぎ

決め手

{ 作り方 }……{ 水炊きスープ }

1. 鍋に水と昆布を入れて30分置き、手羽元を加えて沸騰させる。
2. 鶏ガラスープの素を加えて10分程度煮る。塩で味を調える。

{ 具材 }

recipe № 103

たら系セット

たら、にんじん、大根、長ねぎ、キャベツ、

決め手　えのきだけ

えのきに味がしみておいしい!

{ 作り方 }……{ ごま豆乳スープ }

1. 鍋に水と昆布を入れて30分置き、沸騰させる。
2. 鶏ガラスープの素を加え、練りごまにごま油を混ぜて豆乳で溶いて鍋に加える。塩で味を調え、すりごまを加える。

5分

鍋に残ったスープのおいしい〆

① ラーメン

インスタント
ラーメンもよく合う

特に合うのは
ピリ辛スープ×豚肉系セット

② しめはご飯、卵、青ねぎ、のりで雑炊

特に合うのは
水炊きスープ×鶏肉系セット

③ しめはうどんと青ねぎ（黒こしょうでも！）

特に合うのは
ごま豆乳スープ×たら系セット

Chapter 10

放っておくとできる料理

30分

炊飯器を使えば、すべすべしっとりになる サラダチキン

recipe № 104

サラダチキン

{ 材料 } 作りやすい分量

鶏胸肉 ……300g（皮を取っておく）

水道水で洗っておく。
菌を流し、
柔らかく仕上げるため

塩 ……小さじ 1/2（3g）
黒こしょう…… お好みで少々
なくていい ローリエ ……1 枚

{ 作り方 }

1 鶏肉を縦半分に切り目を入れて左右に開き、塩、黒こしょうをふって揉み込み、冷蔵庫で8～20時間ほど置く。

塩漬け時間が長いほど
ハムっぽい仕上がりになります

2 炊飯器に80℃程度の湯を3合の線まで入れて保温にし、鶏肉、ローリエを入れる。

沸騰したあと火を止めて注げばOK

3 フタをして25～30分保温する。切ってみて火の通りを確認する。

通ってなかったら戻そう

4 鶏肉を取り出し、乾燥しないようにラップで巻いてからビニール袋に入れ、冷水に浸けて冷やす。

できあがった肉をすぐに冷やすのは、
菌の繁殖を防ぐため

recipe № 105

サラダチキンねぎ油ソース

レンジでチンしたタレをかけて中華ソース！

{ 材料 } 作りやすい分量

基本のサラダチキン……好きなだけ
《ねぎ油》 決め手
長ねぎ（刻む）……2cm 分
ごま油……大さじ 1
しょうゆ……小さじ 2
チューブしょうが……小さじ 1

{ 作り方 }

1. 長ねぎとごま油を混ぜ、600W の電子レンジで 30 秒温める。
2. しょうゆとチューブしょうがを混ぜておく。
3. サラダチキンをスライスし、❶のねぎ油を上からかけて、周りに❷のしょうがじょうゆをかける。

しょうがじょうゆ味のねぎ油は、おつまみの鉄板ソース。ご飯にも合う

recipe № 106

サラダチキンでタイサラダ

{ 材料 } 作りやすい分量

基本のサラダチキン（スライス）……好きなだけ

なくていい
パックサラダ、パクチー……好きなだけ

《ナンプラードレッシング》（混ぜておく）
ナンプラー……小さじ 2
酢……小さじ 1
オリーブオイル……大さじ 1
干し桜エビ……小さじ 1 決め手
七味唐辛子……ふたふり

{ 作り方 }

1. 器にサラダ、パクチー、サラダチキンを盛り、ドレッシングをかける。

ナンプラードレッシングは、野菜に和えてサラダにも

recipe № 107

サラダチキン＆チーズ

さわけんおすすめ！

十勝スマートチーズかおり濃香パルメザンチーズブレンドは、種類がいくつか組み合わさっていてすごくおいしい

{ 材料 } 作りやすい分量

スライスする

基本のサラダチキン……好きなだけ

スライスチーズ……好きなだけ

{ 作り方 }

1. チーズをサラダチキンの大きさに合わせてスライスする。
2. チキンとチーズを交互に並べる。

低糖質なおつまみ

recipe № 108

サラダチキン磯辺和え

さわけんおすすめ！

刻みわさびだと食感がいい！

{ 材料 } 作りやすい分量

基本のサラダチキン……好きなだけ

オクラ……3本

わさび……小さじ 1/2

しょうゆ……小さじ 1

決め手 焼きのり……1枚

{ 作り方 }

1. オクラはさっとゆでて輪切りにする。
2. サラダチキン、オクラ、わさび、しょうゆを和えて器に盛り、のりを手でちぎってのせる。

オクラのネバネバをおいしさに使う

オクラのネバネバが味をからませる

Half day

半日

塩豚

塩豚も、炊飯器ならしっとり仕上がります

予約の取れないワインバルのような味！

recipe № 109

塩豚

{ 材料 } ……………… 作りやすい分量

豚肩ロースかたまり肉
（または豚フィレ）……300g

水道水で洗っておく。
臭みと菌がとれる

塩……小さじ 1/2（3g）

肉の重量の 1%が目安

パックサラダ……少々

{ 作り方 }

1 豚肉に塩をもみ込みラップに包んで冷蔵庫で8～20時間ほど置く。

2 炊飯器に80℃程度の湯を3合の線まで入れて保温にする。

沸騰したあと火を止めて注げばOK

3 ❶の豚肉を入れてフタをし、25～30分おく。

4 切ってみて火の通りを確認する。

通ってなかったら戻そう

5 火が通っていたらラップで巻いて冷ます。

固くなっていたらOK

6 食べるときに薄くカットし、サラダを添える。

ゆずこしょう＋しょうゆ、
辛子マヨネーズ＋七味など色々な味でどうぞ！

すべて 和える だけ！

ブロッコリーとかにかまおひたし

栄養満点ブロッコリーはこうするとたくさん食べられる

つくりかたはp200へ

小松菜の白和え

お豆腐の残りはフタをあけて冷蔵庫に放っておいて、白和えにしよう

たたききゅうり

たたいたところから味がしみ込む

マグロのポキ

まぜたらもう完成します

つくりかたは p201 へ

recipe № 110

小松菜の白和え

10分

{ 作り方 }

1. 小松菜をゆで、水にとる。
2. 冷めたら水気を絞って2cmほどに切り、白だしで下味をつける。

   手でぎゅっと絞ろう

3. 白和え衣と和える。

{ 材料 } 作りやすい分量

小松菜……1束

ハンペン、明太子、ひじき、五目豆でも

白だし……小さじ2

《白和え衣》（よく混ぜる）

- 豆腐……1/2丁（150g）（水切りしておく）

  レンジで2分加熱するか、前日に冷蔵庫にとうふパックのふたを開けたままおいておくと水気が切れる。絹ごしを使うと、なめらかに仕上がる

- 砂糖……大さじ1
- 塩……小さじ1/4

recipe № 111

ブロッコリーとかにかまおひたし

40分

{ 作り方 }

1. ゆでたブロッコリーをつけ汁に漬け、30分以上おく。
2. つけ汁を大まかにきり、ほぐしたかにかまと和える。
3. 器に盛り、つけ汁を少々かける。

{ 材料 } 作りやすい分量

ブロッコリー……1/2株

鍋にたっぷりの湯を沸かし、塩大さじ1を入れて2分くらいゆでる

かに風味かまぼこ……1パック

かにかまがブロッコリーをおいしくする！

《つけ汁》（混ぜておく）

- 白だし……大さじ1
- 水……90ml
- しょうゆ……小さじ2
- 砂糖……小さじ1/2
- チューブわさび……小さじ1/2

recipe № 112

たたききゅうり

35分

{ 材料 } 作りやすい分量

きゅうり……2本

《合わせ調味料》(混ぜておく)

- 砂糖……大さじ2
- 酢……大さじ2
- しょうゆ……大さじ1/2
- ラー油……小さじ1(お好みで)
- ごま油……少々

{ 作り方 }

1 きゅうりを5㎝幅に切り、包丁の背などで上から押さえて、バキッと4つくらいに割る。

凸凹になることで表面積が増え、味がなじみやすくなる

2 合わせ調味料をポリ袋に入れ、きゅうりを漬け込み、30分以上おく。

味つけは中華風。無限おつまみ

recipe № 113

マグロのポキ

7分

{ 材料 } 作りやすい分量

まぐろ(さしみ用)……1パック(130g)

サーモンでもおいしい

しょうゆ……小さじ2
チューブわさび……小さじ1/2
ごま油……小さじ1

切りごま……小さじ2

冷凍枝豆……大さじ2 なくていい

解凍してさやから出す

{ 作り方 }

1 材料をすべて和える。

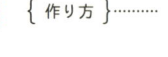

COLUMN 06

お店のパリパリチーズは自宅でもつくれる

パリパリパルメザンチーズ

{ 材料 } 3枚分

パルメザンチーズ（粉チーズ）……大さじ3

霧吹きを用意しよう

粉チーズは、たいてい水分が抜けていて、焼いても溶けません。
そこで、霧吹きで細かく水分を足すと、
キレイに溶けてパリッとした煎餅のようになります。

{ 作り方 }

1. テフロン加工のフライパンにパルメザンチーズを大さじ1ずつ3つに分けて薄くならす。
2. 霧吹きで水をかけ、中火にかける。（テフロンだと焦げません）
3. チーズが溶けて沸騰してきたら、焦げないように火加減を調節しながら色よく焼く。

塩辛やナッツなどをトッピングすればより高級感がでます

Chapter 11

日本人に不足しがちな海藻、きのこ、野菜が食べられる

20分

健康にもよくて、具が何でもいいなんて

みそ汁

毎日少しでもいいからみそをとりたい！

recipe № 114

みそ汁

{ 材料 }……………………… 1 人分

だし汁（下記）……250ml
なす……1/2 本

具は何を入れても OK

乾燥わかめ……大さじ 1
みそ……大さじ1

合わせみそがおすすめ

使いやすいランキング

{ みそ汁の具 }

1位 なめこ
切らなくていい

2位 豆腐
他の具とケンカしない

3位 乾燥わかめ
直接入れてOK！

{ 作り方 }……………………………

1 なすはヘタを取って一口大に切る。

2 鍋にだし汁を入れて沸かし、なすとわかめを加えて火を通す。

乾燥したままでOK

3 火を止め、みそを溶き入れる。

《基本のだし汁の取り方》

1 だしパック1袋を表示通りの適量の水に入れ、ゆっくりと沸かす。

2 静かに沸騰させ1～2分キープする。

3 火を止めてそのまま5分ほど待ち、だしパックを取り出す。

※顆粒だしなら水にまぜるだけ。

冷蔵庫に入れて2～3日は持ちます。麦茶のボトルやペットボトルに入れると使いやすい

7分

もう一品がとても早くできる

わかめスープ

簡単おいしい中華スープ

わかめトムヤムスープ

トムヤムペーストは便利です

recipe № 115

わかめスープ

{ 材料 }……………… 2人分

水……400ml
鶏ガラスープの素
……小さじ2
乾燥わかめ……大さじ1

わかめを入れると
味が出ます

しょうゆ……
小さじ1～1と1/2
長ねぎ（刻む）……大さじ2
ごま油……少々

片栗粉……小さじ1

片栗粉 1 に対して
水が 2 だとダマにならない

水……小さじ2

塩……ひとつまみ
溶き卵……1個分

{ 作り方 }……………………

1. 鍋に水と鶏ガラスープの素、乾燥わかめ、しょうゆ、長ねぎ、ごま油を加えて沸かす。
2. 水溶き片栗粉を加え、とろみをつける。

とろみがあると冷めない

3. 塩で味を調えてからしっかりと沸騰させ、溶き卵を細く流す。再沸騰させ、卵に火を通す。

味つけザーサイやメンマを入れてもおいしい

recipe № 116

わかめトムヤムスープ

{ 材料 }……………… 2人分

水……400ml
鶏ガラスープの素……小さじ2
トムヤムペースト
……大さじ 1/2 ～1

ペーストを使うと
コブミカンが
入っているので
簡単でいい味に

ナンプラー……小さじ1
乾燥わかめ……小さじ1
しめじ……1/2 パック
小松菜……2株（2～3cmに切る）

{ 作り方 }……………………

1. 鍋に水と鶏ガラスープの素を沸かし、トムヤムペースト、ナンプラーを加える。
2. 乾燥わかめ、しめじ、小松菜を加えて1分煮る。

エビを入れるとトムヤムクンに

春雨を入れてもおいしい

30分
絶対に失敗しない「立て塩」をマスター
もずくの酢の物
知って得する和食の下ごしらえ
韓国風にすると食卓に変化が出る
たこきゅうわかめ
5分
たこの代わりにカニカマやエビでも!

recipe № 117

もずくの酢の物

{ 作り方 } 大事です

1. きゅうりを薄切りにする。

ヘタを落として、スライサーでおろしても

2. 水と塩を混ぜ、❶を漬けて15分置いてから絞る。

水200㎖に塩小さじ1を加えた塩水を「立て塩」といいます。和え物や酢の物の野菜の塩漬けに便利です

3. もずく酢、❷、ちぎった青じそを混ぜ、器に盛る。

{ 材料 } 1人分

もずく酢
……1パック（80g）

きゅうり……1/2本
水……200ml
塩……小さじ1

なくていい

青じそ……3枚

recipe № 118

たこきゅうわかめ

{ 作り方 }

1. 乾燥わかめは表示通りに戻し、水気をきる。
2. たこはぶつ切りにする。
3. ボウルに❶とたこ、きゅうり、コチュジャンを入れて和え、器に盛る。
4. 韓国のりをもんでのせる。

{ 材料 } 1人分

ゆでだこの足……1本

浅漬けでもOK

きゅうりを立て塩したもの
……1本分

乾燥わかめ……大さじ2

決め手

コチュジャン……大さじ1
韓国のり……1枚

このふたつで韓国風の味つけに！

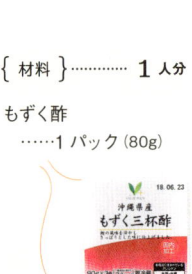

15分

きのこだけで、立派な一品が完成

きのこのホイル焼き

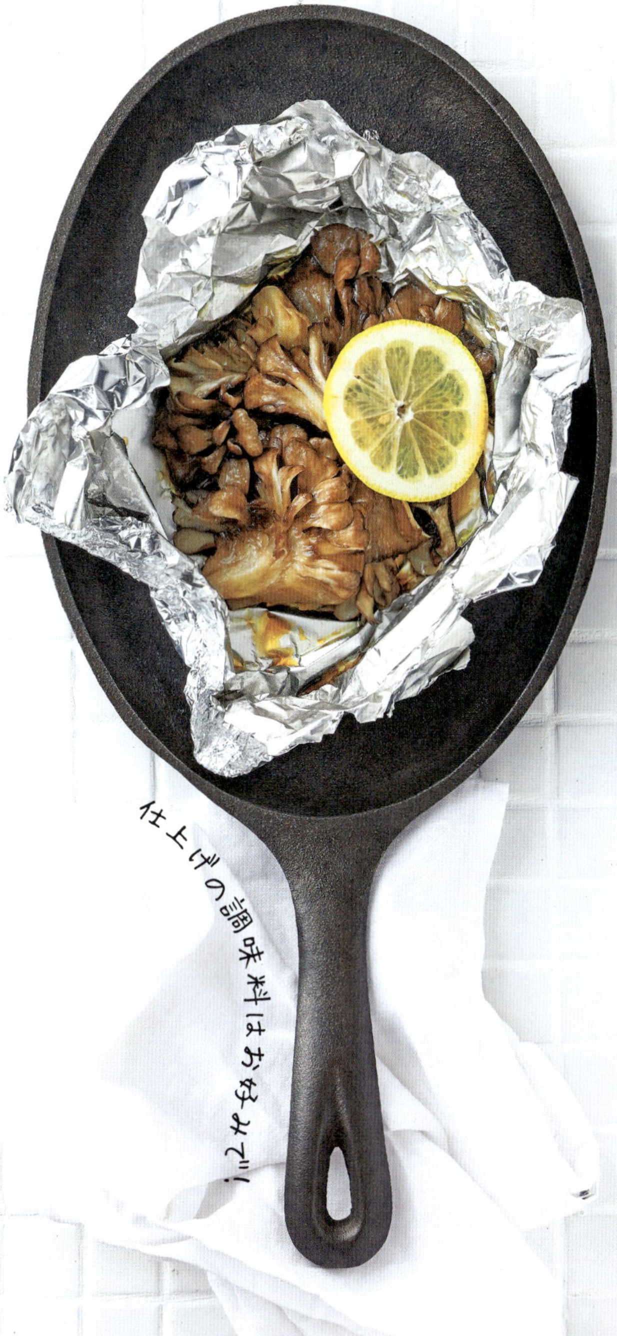

仕上げの調味料はおこのみで!

recipe № 119

きのこのホイル焼き

{ 材料 } …… 1人分

ほぐし、さっと洗う

まいたけやしめじ、えのき、エリンギなど何でも……1パック（100g）

決め手　EXV オリーブオイル……小さじ2

なくていい　レモンの輪切り……1枚

入れると、ホイルを開けたときに香りがいい

塩……ひとつまみ

ポン酢しょうゆ……小さじ1～2

{ 作り方 } …… 大事です

1. 15㎝×25㎝くらいのアルミホイルに、まいたけなどのきのこをのせる。
2. オリーブオイルと塩をふってレモンをのせ、アルミホイルをぴっちりと包む。

3. トースターで10分焼き、ホイルを開けてポン酢しょうゆをかける。

フライパンの場合は、水大さじ2くらいを入れてホイル包みを置き、フタをして加熱する

7分

きのこのオイスターソース炒め

きのこ炒めをおいしくつくるには「えのき」

オイスターソースダレは、
野菜炒めや肉炒めなどにも使える！

recipe № 120

きのこのオイスターソース炒め

{ 材料 }……ほかのきのこでもOK……1人分

なくていい
- エリンギ……1パック
- しめじ……1パック

決め手
- えのきだけ……1/2パック

えのきはタレがよく染み込むから、必ず入れること

なくていい
- チンゲンサイ……3本

《オイスターソースダレ》(混ぜておく)
- にんにくチューブ……小さじ1/8
- しょうがチューブ……小さじ1/8
- 酒……大さじ1
- オイスターソース……大さじ1
- しょうゆ……小さじ1

ごま油……大さじ1/2

フライパンに引く用

{ 作り方 }……大事です

1. エリンギは一口大に切り、しめじとえのきだけはほぐす。チンゲンサイは2㎝くらいに切る。

きのこをミックスすることでちゃんとした料理感が出る

2. フライパンにごま油を熱し、❶のきのことチンゲンサイを中火で炒める。

3. きのこがしんなりとしたら、オイスターソースダレを加えてからめる。

7分
エリンギのマリネ
たくさんつくって
常備菜にも
パスタに和えても!!
しいたけポン酢
びっくりするほど
簡単なのに、
ごちそう感が出る
オリーブオイルをたらり
10分

recipe № 121

エリンギのマリネ

{ 材料 }…………………… 1人分

エリンギ……1パック（2～3本）
塩……ふたつまみ

3本指で

決め手

《マリネ液》
EXV オリーブオイル
…… 小さじ1
ポン酢しょうゆ……小さじ2

ポン酢を使うと味の失敗がありません

チューブにんにく
……4ミリほど

オリーブオイル……大さじ1

{ 作り方 }………… 大事です …………

1 エリンギは縦3～4等分に厚切りにする。

2 フライパンにオリーブオイルを熱し、エリンギを並べて塩をふり、2分ほどさっと焼く。

焼きすぎないほうが食感がギュギュっとしておいしい

3 器に盛り、マリネ液をまぶす。

好きな人は七味唐辛子や山椒をふってもおいしい

recipe № 122

しいたけポン酢

{ 材料 }…………………… 1人分

生しいたけ……5～6個
ポン酢しょうゆ……大さじ1

決め手

オリーブオイル……小さじ1

オリーブオイルは味をつけるための調味料です！

{ 作り方 }………… 大事です …………

1 しいたけの軸を半分程度残して切る。

軸は、焼くときに持ちやすいので全部は取らない

2 フライパンに❶を笠を逆さまにしておき、中火で焼く。

笠の中に水滴がじんわりと出てきたら、焼き上がりの合図

3 ポン酢しょうゆ、オリーブオイルをかける。

そのほか味つけは、塩、しょうゆ、焼肉のタレなどお好みで！

2分

水分の多いもやしは味をどうからませるかが勝負

もやしにんにく炒め

ごま油の香りが◎

recipe № 123

もやしにんにく炒め

{ 材料 } 1人分

もやし……1パック（200g）
さっと洗ってザルに上げておく

油……小さじ1
ごま油……小さじ1

決め手
《にんにくしょうゆダレ》（混ぜておく）
あれば香味ペーストを少量プラス！

しょうゆ……大さじ1
チューブにんにく……小さじ1
片栗粉……小さじ2
ラー油……お好みで
この片栗粉がタレをもやしにからませる

{ 作り方 }

大事です

1 フライパンに油とごま油を強火で熱する。
油とごま油を混ぜることで、風味がアップ

2 熱くなったらもやしを入れて30秒ほど炒める。
高温で一気に炒めるとシャキシャキになる

3 にんにくしょうゆダレをジュワーッと加えてからめる。
片栗粉がもやしから出た水分をとろみに変える。これで味が薄まらない

7分

きんぴらダレさえ最初につくっておけば完成！

きんぴらごぼう

recipe № 124

きんぴらごぼう

{ 材料 } 2人分

ごぼう……1本
（きんぴらごぼうカットひと袋
（生タイプ150g）でもOK）

きんぴらごぼう
カットに
酸化防止剤が
入っている場合は、
仕上がりが少し
酸っぱくなるから
さっと洗う

《きんぴらダレ》（混ぜておく）
- しょうゆ……大さじ1/2
- 砂糖……大さじ1
- 酒……大さじ1
- 水…… 50ml
- ごま油……小さじ1
- 七味唐辛子……少々

{ 作り方 } 大事です

1. ごぼうはよく洗い、皮つきのまま斜めに薄切りにしてから、縦に細く切る。
2. フライパンにきんぴらダレとごぼうを入れる。
3. 中火にかけて5分くらい炒め煮にする。

煮詰めながらからめる。
好みで七味唐辛子をふろう

20分

早くつくるコツはレンジでチンすること

かぼちゃの煮物

一晩おいたらもっとおいしい！

recipe № 125

かぼちゃの煮物

{ 材料 } …… 1人分

かぼちゃ……1/4個（約400g）

皮が白っぽく変色している部分だけ削る

かつおだし……250ml

だし汁で煮ると、ワンランク上の味に！

砂糖……大さじ2
みりん……大さじ1
しょうゆ……大さじ1

{ 作り方 } …… 大事です

1 かぼちゃは種つきのままでラップで包み、600Wの電子レンジで5分加熱する。

切りやすくなり、煮る時間も短縮できます

2 スプーンで種を取り、大きめの一口大に切る。

3 鍋にすべての材料を入れて落としぶたをし、（なければアルミホイルを落とす）ぐつぐつと中火で5～10分煮る。

かぼちゃの厚みや大きさと電子レンジの加減によって変わる。5分煮たら、爪楊枝で刺してみてやわらかければ完成！

かぼちゃの煮物はたくさんつくって、次の日も楽しもう！

かぼちゃの煮物で冷たいスープ

recipe № 126

かぼちゃの煮物で冷たいスープ

{ 材料 } …… 1人分

かぼちゃの煮物（P220）……小さい茶わん1つ分くらい
牛乳……150ml
塩……ひとつまみ〜ふたつまみ（3本指で）

{ 作り方 }

1. かぼちゃは皮を除いて泡立て器やフォークでつぶす。
2. 牛乳を少しずつ入れてのばし、味をみて塩で調える。

なめらかにしたければミキサーで攪拌《かくはん》しても。ざるでこす程度でも十分なめらかになります

5分

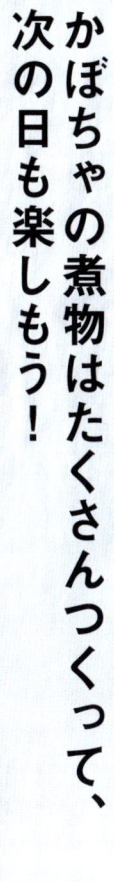

recipe № 127

かぼちゃの煮物でサラダ

{ 材料 }……………1人分

かぼちゃの煮物（P220）
……小さい茶わん１つ分くらい

ベーコン……２枚

西友のみなさまのお墨付きベーコンがカリカリになりやすい

マヨネーズ……大さじ２

ミックスナッツ（おつまみ用）
……大さじ２

洋風になりました

7分

{ 作り方 }

1. ベーコンをキッチンペーパー１枚で挟んで耐熱皿にのせる。

必ずキッチンペーパーを使用すること。余分な脂を吸い取ります

2. ❶を６００Ｗの電子レンジで２分加熱し、カリカリベーコンをつくる。

電子レンジで加熱し始めるとパンパンと音を立てることもあるが、途中で開けないようにする。様子をみて、カリカリになっていないようなら１分追加

3. ベーコンの粗熱が取れたら、適当に割る。

4. ボウルにかぼちゃの煮物とマヨネーズを入れてよく和え、器に盛る。カリカリベーコンとミックスナッツをのせる。

レンチンしたカリカリベーコンがアクセント

かぼちゃの煮物でサラダ

5分
もやしは必ず「水気をきる」と覚えておく
もやしキムチ
レンジンで簡単
5分
ポン酢で味をつけると失敗しない
もやしツナマヨ
水気はしっかりきって!

recipe № 128

もやしキムチ

{ 材料 } 1人分

もやし……1パック(150～200g)

決め手

香味ペースト……小さじ1
キムチ……大さじ3
ごま油……小さじ1

{ 作り方 } 大事です

1. 耐熱ボウルにもやしを入れてラップをかけ、600Wの電子レンジで3分ほど加熱する。
2. ザルに上げ、水気をきってボウルに戻し、香味ペーストを混ぜてなじませる。

もやしは水分をきらないと味がつきません。下味もつけておくのがプロの技

3. キムチ、ごま油を加えて和える。

recipe № 129

もやしツナマヨ

{ 材料 } 1人分

もやし……1パック(150～200g)
ポン酢しょうゆ……大さじ1

シーチキンLがおいしいので推奨。油ごと入れましょう!

ツナ……小1缶(70g)
マヨネーズ……大さじ2

{ 作り方 }

1. 耐熱ボウルにもやしを入れてラップをかけ、600Wの電子レンジで3分ほど加熱する。
2. ザルに上げ、水気をきってボウルに戻し、ポン酢しょうゆを加えてなじませる。

もやしは水分をきらないと味がつきません。下味もつけておくのがプロの技

3. ツナとマヨネーズを加えて和える。

7分

レンジでつくったとは思えないちゃんとしたおかず

トロトロ玉ねぎ

recipe № 130

トロトロ玉ねぎ

{ 材料 } なくていい …… 1人分

玉ねぎ……中1個
決め手 白だし……大さじ1
水……大さじ1強
なくていい 温泉卵……1個
ポン酢しょうゆ……大さじ1
練り辛子……お好みで

{ 作り方 }

1. 玉ねぎは根元をつなげたまま8等分に切り込みを入れる。

2. 深めの耐熱皿に❶の玉ねぎと白だし、水を入れてラップをして600Wの電子レンジで5分加熱する。

水分を加えることで、レンチンすると蒸したようになる

3. 温泉卵をのせ、ポン酢しょうゆをたらして練り辛子を添える。

玉ねぎが予想以上に甘くなるので、練り辛子が味のアクセントに！

新玉ねぎでつくるとよりおいしい

recipe № 131

トマポンパルメザン

{ 材料 } 完熟したトマトが◎ 1 人分

トマト……1 個
ポン酢しょうゆ……大さじ 1
EXV オリーブオイル……大さじ 1
決め手 かつおぶし……大さじ 1
パルメザンチーズ……小さじ 2 粉チーズ！

{ 作り方 } 大事です

1. トマトは半月切りにし、皿に並べる。

よく冷やすのがポイント！

2. ポン酢しょうゆとオリーブオイルをかけ、かつおぶしとパルメザンチーズをふる。

コツはトマトをよく冷やすだけ！

3分

かつおぶしとチーズがおいしすぎる

トマポンパルメザン

なめたけとアボカドはおいしい上におしゃれ!
アボカドなめたけ
3分
なめたけ最高
7分
混ぜるだけ特急バーニャカウダ
冷たいバーニャカウダ
気軽に野菜を食べましょう

recipe № 132

冷たいバーニャカウダ

{ 作り方 }

1 バーニャカウダの材料をよく混ぜる。

2 野菜を食べやすい大きさに切り、❶につけて食べる。

バーニャはソース、カウダは温かいの意味ですが、これは冷たいソース

{ 材料 } 1人分

《バーニャカウダ》
チューブにんにく……小さじ 2
アンチョビペースト……小さじ 1
(チューブがおすすめ)
EXV オリーブオイル……大さじ 1
マヨネーズ……大さじ 2

じゃがいも(洗って、そのままラップにくるんでレンジで 4 分加熱する)、パプリカ、きゅうり、ヤングコーンなどそのまま食べられる好みの野菜……好きなだけ

recipe № 133

アボカドなめたけ

{ 作り方 }

1 アボカドは半分に割って種をとる。

2 なめたけとわさびを混ぜ、アボカドの種の穴に盛る。

スプーンなどでくずしながら食べる

{ 材料 } 2人分

アボカド……1 個
なめたけ……大さじ 3
わさび……小さじ 1/2

刻みわさびがオススメ。シャキシャキした食感もプラスできます

10分

ねぎ油さえ用意できれば
もうおいしい

蒸し野菜のサラダ

ねぎ油がおいしさの素

5分

もやしになめたけが
こんなにおいしいとは！

もやしなめたけ

何この、簡単さ！

recipe № 134

蒸し野菜のサラダ

{ 材料 } 1人分

まいたけ、えのきだけ、パプリカ、ヤングコーン、ブロッコリーなどの好みの野菜……好きなだけ
(野菜はさっと水を通してレンチンしましょう。耐熱容器に並べてラップをし、1分ずつ様子を見ながら)

油にねぎを入れて定番ねぎ油をつくろう！

《中華ソース》
ごま油……大さじ1
長ねぎ(刻む)……大さじ2
水……50ml
鶏ガラスープの素……小さじ1/2
オイスターソース……大さじ2
しょうゆ……大さじ1
酒……大さじ1
砂糖……小さじ1/2

{ 作り方 }

1. 小さい耐熱ボウルにごま油と長ねぎを入れて混ぜ、600Wの電子レンジで30秒温めてねぎ油をつくる。

ねぎ油はレンチンしても熱くならないので大丈夫！

2. 中華ソースのほかの材料すべてとよく混ぜる。

3. 蒸し野菜に中華ソースをかけてできあがり。

recipe № 135

もやしなめたけ

{ 材料 } 1人分

もやし……1パック
(150～200g)

なめたけ……大さじ2

なめたけは調味料代わりに使える

{ 作り方 } 大事です

1. 耐熱ボウルにもやしを入れてラップをかけ、600Wの電子レンジで3分ほど加熱する。

2. ザルに上げ、水気をきってボウルに戻し、なめたけと和える。

もやしは水分をきるのが味がからむコツなので、面倒でもかならずきること。七味唐辛子をふってもおいしいよ！

30分

ドレッシングを2回に分けてかけるとプロの味

大根かにかまサラダ

中華ドレッシングは鉄板なので覚えておくと便利!

recipe № 136

大根かにかまサラダ

{ 材料 } …… 1人分

大根……1/3本
（千切りにしておく）

大根サラダカットでもOK
……1パック（約200g）

塩……小さじ1/2
かに風味かまぼこ……1パック

《中華ドレッシング》（混ぜておく）
しょうゆ……大さじ1
酢……大さじ2
砂糖……大さじ1
ごま油……少々

{ 作り方 }

1 ボウルに大根の千切りと塩を入れてざっと混ぜ、15分おいて水気を絞る。

大根の水分を抜くと、味がからんでおいしくなります

味をみて塩辛ければ水（分量外）で洗ってしっかりと絞り、ボウルに戻す

2 ほぐしたかにかまを❶に混ぜ、ドレッシングの3分の2の量を加えて和え、冷蔵庫で5分くらい冷やす。

まず下味をつけて冷やそう

3 水気をきって器に盛り、残りのドレッシングをかける。

水分が出て薄くなったドレッシングをきって、残りのドレッシングをかけるとプロの味になります。市販のドレッシングでもおいしい

5分

レンズ豆の缶づめはとても使えます！

レンズ豆のサラダ

ピリッと鼻につんと抜ける辛みがおいしい

recipe № 137

レンズ豆のサラダ

{ 材料 } …… 1 人分

レンズ豆（水煮缶）……1 缶（240g）

イタリアの水煮缶を選ぼう。
イタリアでは豆を
よく食べるので、
質の良いものが安価で
出回ります

トマト……中 1 個（150g）

《辛子ドレッシング》
- チューブ辛子……大さじ 1
- 酢……小さじ 2
- EXV オリーブオイル……大さじ 1

塩……3 つまみ（3 本指で）

{ 作り方 }

1. レンズ豆の水気をきる。
2. トマトはヘタを取って角切りにする。
3. ボウルに材料をすべて入れて混ぜる。

パセリのみじん切りを入れてもおいしい

5分

白いんげん豆の缶づめもとても使えます!

白いんげんのサラダ

辛子味がポイント!

recipe № 135

白いんげんのサラダ

{ 材料 } …………………………………… 1人分

白いんげん（水煮缶）……1缶

イタリアの水煮缶を選ぼう。イタリアでは豆をよく食べるので、質の良いものが安価で出回ります

ツナ……小1缶（汁ごと使う）

シーチキンL推奨！

《辛子ドレッシング》

決め手

チューブ辛子……大さじ1

酢……小さじ2

EXVオリーブオイル……大さじ1

塩……3つまみ

3本指で

{ 作り方 } ……………………………………

1. 白いんげん豆の水気をきる。
2. ボウルに材料をすべて入れて混ぜる。

7分

電子レンジだけでできてしまう
春雨サラダトムヤム風

recipe № 139

春雨サラダトムヤム風

{ 材料 } 2人分

- 春雨（水に2分ほどつけて戻し、はさみで半分に切っておく）……50g
- もやし……1/2パック
- 水……150ml
- 鶏ガラスープの素……小さじ2
- トムヤムペースト……大さじ1/2

水の方が食感よく戻ります！

- ナンプラー……少々
- なくていい ▶ パクチー……1株

ひとつ常備しておくと料理上手に

{ 作り方 }

1. 耐熱容器にナンプラーとパクチー以外をすべて入れてラップし、600Wの電子レンジで4分加熱する。

これで春雨に味が十分しみ込みます！フライパンで炒め煮してもOK！

2. ナンプラーで味を調え、2分ほどおきパクチーを散らす。

水分がなくなったらパクチーを散らそう

15分

最後にしょうゆを入れると香りが立つ

ひじき煮

冷蔵4日、
冷凍1か月持ちます

recipe № 140

ひじき煮

{ 材料 } ………… 2人分

乾燥芽ひじき……20 g

にんじん（1cmの細切り）
……大さじ1（山盛り）

《煮汁》
水……200ml
砂糖……大さじ2
白だし……大さじ2
しょうゆ……小さじ4

ごま油……小さじ1

{ 作り方 }

1 ひじきをさっと水洗いし、表示通りに水に浸けて戻す。

2 フライパンにごま油を熱し、にんじんとひじきを入れて中火でさっと炒め、煮汁を入れて7～8分煮る。

「シャキシャキ」の食感が残る。少し液体の残る程度までがベスト。たくさんつくって常備菜に！

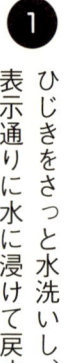

15分

最後にごま油をたらそう

切り干し大根

冷蔵4日、冷凍1ヵ月持ちます

recipe № **141**

切り干し大根

{ 材料 } 作りやすい分量

切り干し大根……30g

ここではにんじんや
緑野菜入りの
切り干し大根を
使用していますが、
普通のでもちろんOK

ちくわ……1本（輪切りにする）

《煮汁》

- 水……300ml
- 砂糖……大さじ1
- 白だし……大さじ1と1/2
- しょうゆ……小さじ1

ごま油……小さじ2

{ 作り方 }

大事です

1 切り干し大根は表示通りに水に浸けて戻し、戻ったら手でぎゅっと水を絞る。

2 フライパンに煮汁を沸かし、切り干し大根とちくわを入れて中火で10分ほど汁がなくなるまで煮つめる。

沸かして入れると食感と味が安定する

3 ごま油を加えて混ぜる。

一気に風味がアップします！

15分

煮汁に入れてから5分で完成します

タイ風切り干し大根

シャキシャキの切り干し大根は、
すっぱ辛く食べてもおいしい

recipe № **142**

タイ風切り干し大根

{ 材料 } 決め手 作りやすい分量

切り干し大根……30g

ここではにんじんや
緑野菜入りの
切り干し大根を
使用していますが、
普通のでももちろんOK

ちくわ……1 本（輪切りにする）

《煮汁》

トムヤムペースト ……大さじ 1 と 1/2
水……300ml
砂糖……大さじ 1
ナンプラー……小さじ 1

パクチー……1 株

ざく切り

{ 作り方 }

1. 切り干し大根は表示通りに水に浸けて戻し、戻ったら手でぎゅっと絞る。
2. フライパンに煮汁を沸かし、切り干し大根とちくわを入れて5分ほど汁がなくなるまで煮つめる。
3. パクチーを盛る。

バインミー（P170）の具材にしてもおいしいよ！

COLUMN 07

たこやきの味がします
たこやき飯

{ 材料 } 1人分

- ご飯……200g
- 溶き卵……1個分
- 白だし……小さじ1～2

決め手

- 青のり……お好みで
- 揚げ玉……大さじ2
- 紅しょうが……小さじ2
- 青ねぎ（輪切り）……大さじ3

- しょうゆ……小さじ2
- 油……小さじ2

{ 作り方 }

1. フライパンに油を熱し、溶き卵を半量入れる。
2. ひと混ぜしたらご飯を加え、
残りの溶き卵を上からかけて炒めながらほぐし混ぜる。
卵を2回に分けて加えると、米粒にからみやすくなり、パラパラになる
3. 白だし、青のり、揚げ玉、紅しょうが、青ねぎを加える。
4. 鍋肌からしょうゆをたらしながら混ぜる。

香ばしさがでます。
味をみて足りないときは
さらに「白だし」を加える。
水分が入り、しっとりもしますよ！

さっと一品！すごいおつまみ

Chapter 12

Half day
半日

めんつゆを使うとものすごく簡単に味が決まる
味つけ卵

粉山椒や七味唐辛子をふって食べると◎

8分
チーズをのせよう
焼き厚揚げ

家での厚揚げは、チーズをのせる

recipe № **143**

焼き厚揚げ

{ 材料 }……………… 2人分

さわけんおすすめ！

もちもちした食感がおいしい「新食感の厚揚げ」

厚揚げ……1枚

チューブしょうが……5ミリほど
しょうゆ……大さじ1
（しょうゆにしょうがを混ぜておく）

決め手

スライスチーズ……1枚
七味唐辛子……お好みで

{ 作り方 }……………………

1. 厚揚げの中央に切り込みを入れる。
   （井型に切り込みを入れよう）
2. しょうがを入れたしょうゆを❶にまぶし、チーズをのせてトースターでチーズが溶けるまで5分ほど様子を見ながら焼く。
3. 器に盛り、七味唐辛子をふる。

recipe № **144**

味付け卵

{ 材料 }……………… 2人分

7分のゆで卵（P32）……2個

決め手

めんつゆ（ストレートタイプ）
……50ml

濃縮タイプの場合は、表示通り薄める

砂糖……小さじ1
ビニール袋……1枚

小さめのビニール袋を使うと調味料が最小限で済む

{ 作り方 }……………………

1. 7分のゆで卵の殻をむき、ビニール袋に入れてめんつゆと砂糖を加える。
   （めんつゆがない場合は、だし汁60ml、しょうゆ30ml、砂糖大さじ1で合わせよう）
2. ❶の空気を抜いて口を縛る。
   （溜めた水につけながら空気を抜くとキレイにできる）
3. 半日ほど冷蔵庫に置く。
   （たまにひっくり返すとムラなく浸かる）

保存期間 冷蔵庫で4日

5分

一瞬でできるのにお店レベルの おつまみ

recipe № 145

モッツァレラ塩辛

｛材料｝2人分

なくていい

バゲット（薄切り）……5枚

モッツァレラチーズ……50g

塩辛……大さじ2

なくていい

カイワレ大根……好きなだけ

｛作り方｝

1 モッツァレラチーズを1㎝の厚さの輪切りにしてバゲットにのせる。

バゲットがない場合はアルミホイルに置こう

2 トースターでチーズが溶けるまで2分くらい様子を見ながら焼き、塩辛とカイワレ大根をのせる。

温かいうちに食べる。冷めたら軽くレンチンして温めよう。

recipe № 146

にんにくクリームチーズ

｛材料｝2人分

クリームチーズ……150g

牛乳……大さじ2～3

ない場合は水で

決め手

チューブにんにく……小さじ2

にんにくの代わりに明太子でもおいしい！

黒こしょう……5ふり

クラッカーまたはバゲット……好きなだけ

｛作り方｝

1 クリームチーズは耐熱皿に入れ、600Wの電子レンジで30秒加熱してやわらかくする。

パチパチ音がしてきたらOK

2 牛乳を少しずつ加えてペースト状にする。

3 ❷ににんにくと黒こしょうを混ぜる。クラッカーやバゲットを添える。

5分

さしみこんにゃくなら切らなくていい

さしみこんにゃく辛味炒め

recipe № 147

さしみこんにゃく辛味炒め

{ 材料 } ………… 1人分

さしみこんにゃく
……1パック（300 g）

筋がついているので味がなじんでおいしい

決め手 白だし……小さじ２
しょうゆ……大さじ１
かつお節……小さじ２
七味唐辛子（や五香粉など）
……好きなだけ
ごま油……少々

フライパンに引く用

{ 作り方 }

1. フライパンにごま油を熱し、水気をきったこんにゃくを入れて中火で水分をとばすように炒める。

若干油ハネするが気にしない。水気をしっかり切ると、油ハネはそんなにしません

2. 水分がとんだら、白だしとしょうゆを加え、さらに水分がなくなるまで中火で炒める。

味がからむ

3. 器に盛り、かつお節と七味唐辛子をふる。

5分

明太塩辛豆腐

うまみたっぷりのこのふたつでおいしくないわけがない

recipe № 14S

明太塩辛豆腐

{ 材料 } ……………… 1 人分

- 木綿豆腐……1丁（300g）
- 白だし……大さじ1
- 決め手
  - 塩辛……大さじ1
  - 辛子明太子……大さじ1

うまみたっぷりの酒の肴をダブル使い！お酒に合う間違いない一品

{ 作り方 } ………………

1. 豆腐は角切りにして白だしをからめて下味をつける。

サイコロ状に切るというひと手間が、味をからませて絶品にします

2. ❶に塩辛と明太子を和えて器に盛る。

ヘルシーでタンパク質もとれる！

豆腐をサイコロに切るのがおいしさの秘訣

オリーブは味を変えて楽しもう

2分

オリーブにんにくマリネ

オリーブは、アレンジで無限に楽しめる

15分

揚げオリーブ

いくらでも食べられる

recipe № 149

オリーブにんにくマリネ

{ 材料 } 2人分

さわけんおすすめ！

イバラの瓶詰めタイプ

グリーンオリーブ（種なし）……10粒
おろしにんにく……小さじ1（チューブでもOK）
EXVオリーブオイル……小さじ2
粉チーズ……小さじ1（決め手）

なくていい
レモン（くし切り）……1個

{ 作り方 }……大事です

1. グリーンオリーブ、にんにく、オリーブオイルを和えて盛る。
（オリーブオイルは調味料）
2. 粉チーズをふってレモンを添える。
（うまみが多い）

recipe № 150

揚げオリーブ

{ 材料 }……2人分

オリーブ（種なし）……10粒
小麦粉……大さじ1

《あげ衣》
小麦粉……大さじ4
水……大さじ3
油……小さじ1（決め手／衣を薄くつけるため）

パン粉……100ml
揚げ油……50ml ほど
粉チーズ……小さじ2

油の量が少なくて済む「揚げ焼き」にする

{ 作り方 }

1. オリーブに小麦粉大さじ1をまぶす。あげ衣の材料を混ぜる。
（アンチョビや赤ピーマンが詰まったスタッフドオリーブを使ってもおいしい）
2. ❶のオリーブをあげ衣に通し、パン粉をつける。
（ゆるいホットケーキくらいのかたさにすると衣がつきやすい）
3. フライパンに揚げ油をオリーブの高さの半分くらい入れ、少ない油で揚げながら焼く。
4. 熱いうちに粉チーズをふる。

[**著者**]

さわけん

科学する料理研究家、キッチンまわり評論家。
辻調グループフランス校卒、辻調グループに教員として11年勤務し、シェフを経て科学する料理研究家に。プロを育てた経験と、シェフの経験を生かしてメディアで活躍中。
科学的に料理を考えて、狙った通りの料理をつくるレシピづくりの達人で「その通りにやれば、早く、必ずおいしく、ついでにおしゃれに見える」レシピが大人気。
また、雑誌「LDK」で No.1 の識者で、キッチンまわりのグッズをアドバイスしたり、コストコ、カルディ、スーパーマーケットやコンビニの食品を日本一食べ比べている。
テレビ朝日系列「食彩の王国」、CBCテレビ「ゴゴスマ」、日本テレビ系列「スッキリ」、フジテレビ系列「ノンストップ！」ほか、クックパッドプロのレシピなど出演多数。
著書に『激ウマ！　から揚げレシピ』（玄光社）や『10文字の魔法でプロの味　さわけんごはん』（主婦の友社）がある。
インスタグラム　https://www.instagram.com/sawakeng

ぶり大根が15分でできてなんならお客さんにも出せる

2019年 2 月13日　第 1 刷発行

著　者――― さわけん
発行所――― ダイヤモンド社
〒150-8409　東京都渋谷区神宮前6-12-17
http://www.diamond.co.jp/
電話／03･5778･7234（編集）　03･5778･7240（販売）
写真――――鈴木信吾
スタイリング――遠藤文香
構成――――長嶺李砂
アートディレクション ―加藤京子（sidekick）
デザイン――我妻美幸（sidekick）
校正――――加藤義廣（小柳商店）
協力――――名和裕寿、原あかり（株式会社 SDM）
DTP ――――キャップス
製作進行――ダイヤモンド・グラフィック社
印刷――――勇進印刷
製本――――ブックアート
編集担当――中野亜海

ISBN 978-4-478-10507-8